EMILE BOURQUELOT.

SOUVENIRS DE VOYAGE

D'UN PROVINOIS

DANS LE SUD DE L'ITALIE.

Année 1865.

Extrait de la *Feuille de Provins.*

PROVINS,

IMPRIMERIE ET LIBRAIRIE DE LEBEAU.

1867.

SOUVENIRS DE VOYAGE

D'UN PROVINOIS

DANS LE SUD DE L'ITALIE.

EMILE BOURQUELOT.

SOUVENIRS DE VOYAGE

D'UN PROVINOIS

DANS LE SUD DE L'ITALIE.

ANNÉE 1865.

Extrait de la *Feuille de Provins.*

PROVINS,

IMPRIMERIE ET LIBRAIRIE DE LEBEAU.

1867.

SOUVENIRS

D'UN

PROVENÇAL EN ITALIE.

Année 1865.

ROME ET NAPLES.

I.

Le Rapide. — Débarquement du Pausilippe à Civita-Vecchia. — Aperçu de la campagne romaine. — Un restaurant à Rome. — Leçon de prudence.

Depuis notre voyage dans l'Italie septentrionale, nous avions exploré avec un grand intérêt la Belgique, la Hollande, l'Allemagne, la Suisse et l'Espagne ; malgré les beautés pittoresques et artistiques qu'offrent ces contrées, notre appétit de touriste n'était pas satisfait. Nous n'avions vu ni Rome ni Naples, et l'image de ces villes au nom prestigieux nous poursuivait partout et semblait se dresser devant nous comme pour nous reprocher d'accorder nos préférences à de moins belles et de moins dignes. Des circonstances nous avaient forcé d'ajourner d'année en année l'exécution d'un projet longtemps caressé.

Enfin, le 1er avril 1865, par une affreuse journée de printemps, libre de tout souci et de toute entrave, nous montions dans le train dit *le Rapide*, qui justifie son nom en franchissant la distance de Paris à Marseille en quatorze ou quinze heures.

Lyon était noyé par des torrents d'eau au moment où nous traversions la gare de Perrache, puis, quelques stations plus loin, le soleil, se dégageant du voile épais de nuages qui l'obscurcissait, nous envoyait un sourire matinal et faisait étinceler comme des miroirs gigantesques les neiges qui couvraient alors les cîmes des montagnes de l'Isère et de l'Ardèche, entre lesquelles le Rhône promène son cours majestueux.

Au-delà d'Avignon les jardins avaient déjà revêtu leur parure printanière, les cerisiers, les amandiers, les pêchers en fleurs, dont un souffle léger faisait frissonner le feuillage, répandaient sur le sol une pluie d'étoiles blanches et roses.

A notre arrivée à Marseille, la température était telle qu'il fallut abandonner le paletot devenu une gènante superfluité.

Ainsi, vous venez de serrer la main de vos amis, les toits de votre ville natale ont à peine disparu, vous vous êtes endormi au milieu des frimas de l'hiver, et à votre réveil le ciel est bleu, le soleil vous salue de ses plus doux rayons, vos oreilles entendent un langage nouveau! Vous avez parcouru deux cents lieues!...

Plus n'est besoin de recourir à la baguette des fées pour opérer des changements aussi subits; accessible à tous, la vapeur suffit aujourd'hui à l'accomplissement d'un pareil prodige.

Le lecteur n'attend pas sans doute de nous le détail des embellissements dont les Marseillais décorent dans ce moment leur cité, avec une ardeur qui témoigne du désir de conserver leur supériorité sur les Parisiens, déjà fort à plaindre de ne pas posséder *la Cannebière.*

Fidèle à notre engagement de ne parler que de Rome et de Naples, nous nous embarquerons à bord du vapeur *le Pausilippe* et nous arriverons à Civita-Vecchia sans même tenter d'apitoyer les âmes sensibles sur les nombreuses victimes d'une traversée des moins propices.

Dans leurs souffrances, elles maudissaient la mer et juraient de ne jamais confier leur vie à un élément aussi perfide ; un ou deux mois après, malgré leur serment, la plupart d'entre elles reprenaient la même voie pour rentrer en France.

Nous étions préparé d'avance aux ennuis et aux tribulations qui assiégent le voyageur à son débarquement à Civita, aussi trouvâmes-nous les douaniers presque courtois et discrets dans l'accomplissement de leurs fonctions. Il est vrai que nous nous étions appliqué à ne rien mettre dans nos bagages qui put éveiller les soupçons de l'ombrageuse police pontificale. Ajoutons encore que la tâche des agents était rendue très-pénible par suite du nombre considérable des pèlerins attirés dans la ville éternelle par les cérémonies Pascales. Quelques jours plus tard, ainsi que nous l'apprîmes à Rome, les employés avaient repris leurs habitudes traditionnelles, et les étrangers étaient soumis aux investigations les plus minutieuses et les plus vexatoires.

Si l'intérêt de la route n'eut été aussi sérieux, nous cussions été en droit de maudire l'excessive lenteur du chemin de fer de Civita à Rome, qui, sans aucune apparence de prétexte, s'arrêtait à chaque pas au milieu des champs. Mais nous foulons le sol de l'antique Etrurie, les rails traversent cette campagne romaine si vantée, et aucun détail ne doit nous trouver indifférent. A droite, la Méditerranée déroule ses flots azurés sur lesquels glissent de gracieuses embarcations aux blanches voiles ; à gauche et en face s'étendent des plaines ondulées qui se perdent à l'horizon et dont quelques parties seulement sont cultivées. De loin en loin on aperçoit de maigres bouquets de bois, çà et là paissent des troupeaux de moutons et de bœufs gardés par un pâtre au teint fiévreux, coiffé d'un mauvais chapeau de feutre en forme de cône tronqué, et drapé dans un simple manteau amadou. Quant aux habitations, elles sont fort rares ; on n'en voit guère en dehors des maisons de garde et de quatre ou cinq stations situées sur le parcours de la voie ferrée.

Tout le monde sait que ce qui donne une poésie grandiose, un attrait particulier à cette nature sévère, ce sont les ruines éparses de tous côtés sur le sol et qui se dressent dans ces solitudes comme des évocations immobiles du passé. Du reste, ainsi que nous aurons l'occasion de le constater plus tard, le nombre et l'importance de ces antiques débris est bien plus considérable aux environs de Frascati et de Tivoli.

Les émotions se succèdent et s'augmentent lorsqu'on approche du Tibre, dont les eaux jaunâtres et les rives verdoyantes, mais plates, nous rappellent celles du Tage, près d'Aranjuez. La campagne devient plus fertile et plus riante ; on entrevoit bientôt de gracieuses collines semées de blanches maisons, on murmure autour de nous les doux noms de Tivoli, d'Albano. Pendant que nos yeux cherchent à distinguer ces endroits célèbres, Saint-Pierre, comme un géant couronné, élève sa coupole dans les airs, puis, presqu'en même temps, apparaissent les clochers et les dômes des églises de Saint-Paul, de Saint-Jean-de-Latran, de Sainte-Agnès, du Panthéon, etc. : dans notre impatiente curiosité, nous voudrions embrasser tout d'un seul regard. La locomotive passe devant l'aqueduc de Néron avec la même insouciance que devant la plus insignifiante bicoque. Nous longeons les fortifications antiques et le convoi s'arrête dans une gare dont le style plat et vulgaire indispose le voyageur qui pénètre pour la première fois dans la ville des merveilles architecturales. Naguères l'étranger venant du nord entrait par la porte du Peuple dont le noble aspect le préparait autrement aux magnificences qui l'attendaient.

Si nous n'eussions pris la précaution de faire assurer d'avance notre logis par les soins d'un ami, nous nous fussions exposé à ne trouver d'autre abri pour la nuit que le pavé de la rue et la voûte du ciel. Le flot de visiteurs qui s'était abattu sur Rome depuis quelques jours avait tout envahi, les hôtels regorgeaient, et les logements garnis, quoique nombreux, étaient tous loués ou inabordables par suite des prétentions des propriétaires.

Aussitôt installé *via due Macelli*, il fallut songer à réparer le jeûne imposé par quarante-huit heures d'une navigation déplorable. La *Trattoria del Genio*, à deux pas de notre domicile, nous offrait fort à souhait son hospitalité. A Paris, nous eussions hésité à entrer dans un restaurant d'apparence aussi modeste, mais à Rome, tout préjugé de cette nature doit disparaître; en dehors des hôtels, il n'existe que des *trattorie* fréquentées d'ailleurs par les étrangers et les indigènes de toutes conditions. Si le lecteur consent à nous accompagner au moins pour aujourd'hui à la *Trattoria del Genio*, il aura un spécimen de ces sortes d'établissements, qui diffèrent peu les uns des autres.

Les deux pièces principales du rez-de-chaussée donnent d'un côté sur la rue et de l'autre sur une cuisine dont la porte, toujours ouverte, oblige le consommateur à s'initier à des opérations culinaires peu propres à aiguiser son appétit. Au fond de la première pièce, est attaché un petit tableau, peinture assez médiocre représentant la Vierge à la chaise, éclairée par un bec de gaz qui brûle jour et nuit.

Avant de nous asseoir à l'une de ces tables garnies de nappes dont il ne faut pas trop interroger la blancheur, et autour desquelles circulent des garçons en costume de marmitons, observez ce carton suspendu à la muraille, il porte cette inscription en lettres majuscules : *camera di magro*, salle du maigre ; dans la salle contigue : *camera di grasso*, salle du gras. Pourquoi cette distinction ? C'est que nous sommes en carême, et qu'on a jugé à propos d'établir deux catégories de consommateurs afin que ceux qui désirent manger gras ne puissent scandaliser la vue des fidèles observateurs des prescriptions religieuses. Précaution ingénieuse et sage qui conciliait à la fois les intérêts du restaurateur et la liberté des clients. Parmi les convives, vous remarquerez des prêtres, des militaires gradés, des artistes, des commerçants, etc ; on ne trouverait pas meilleure compagnie chez Véfour. Inutile de dire que le macaroni est l'objet de la faveur générale, on l'arrose ici d'un petit vin blanc sucré d'Orvieto, fort agréable ; il est contenu dans des fiasques ou fioles de verre très-mince, entouré d'une espèce de roseau tressé. Avant de quitter la table, notons que plusieurs abbés, nos voisins, se sont bornés pour leur repas à manger une salade, exemple édifiant, même dans la *camera di magro*.

En sortant de la *trattoria* il faisait entièrement nuit ; à la lueur des becs de gaz, nous tentâmes une reconnaissance dans les environs. La rue que nous suivîmes conduisait directement à une place régulière bordée d'hôtels et de magasins resplendissants de lumière. Nous étions sur la place d'Espagne, la plus vivante de Rome et la plus fréquentée des étrangers.

Là nous sommes attiré par le murmure harmonieux d'une fontaine appelée la *Barcaccia* qui occupe le centre de la place.

Une nacelle en pierre, retenue captive au milieu d'un bassin de marbre, est baignée sans cesse par une eau fraîche et limpide. La décoration d'ailleurs assez originale de cette fontaine paraît d'autant plus mesquine qu'elle est dominée par l'église de la Trinité-des-Monts, qui se dresse comme à pic au-dessus de la place, et à laquelle on arrive par un immense escalier en fer à cheval. Mais à cette heure, les détails se perdent dans l'ombre; on ne distingue nettement que les deux tours hardies qui se détachent de l'ensemble et paraissent suspendues dans l'espace.

Vis-à-vis cet imposant édifice s'ouvre la *via Condotti* qui aboutit au *Corso*; c'est la rue Vivienne de Rome, elle est remplie de boutiques, d'hôtels et de cafés. Nous aurons souvent occasion de la traverser, aussi n'y donnerons nous ce soir qu'un coup d'œil superficiel.

Arrivé à notre domicile, nous reconnûmes la nécessité de nous précautionner à l'avenir d'un luminaire pour faire l'ascension de nos deux étages plongés dans une obscurité complète. Le concierge n'existe pas encore à Rome; l'éclairage des corridors et des escaliers des maisons garnies est un luxe inconnu jusqu'à présent.

Aussi, en rentrant, notre hôtesse ou *casa padrona* joignit à la recommandation de nous munir désormais d'un rat-de-cave, celle de bien fermer nos portes : *cattivi romani*, ajouta-t-elle en nous souhaitant le bonsoir. Traduction littérale : les Romains sont des voleurs. Aveu précieux et dépouillé d'artifice que nous nous hâtâmes d'enregistrer avec l'intention d'en faire notre profit.

II.

A une fenêtre. — Les voitures de place. — Saint-Pierre et Jupiter Stator. — Le Ghetto et le Colysée.

Le temps est splendide, le ciel est pur, une légère brise agite l'air transparent; cet état de l'atmosphère ajoute encore à la sensation de bien-être et de joie que nous éprouvons de nous éveiller dans la cité des Césars et des Papes, qui a tenu si longtemps le sceptre de l'univers. Il nous tarde de nous assurer que nous ne sommes pas le jouet de quelque songe bizarre. Aussitôt levé nous nous mettons en observation à l'une de nos fenêtres. En face et à droite, l'horizon est un peu borné, mais à gauche la perspective a plus d'étendue. La *via due Macelli* (des deux Bouchers) donne sur la place d'Espagne, d'où part une rue qui est comme le prolongement de celle des Macelli; elle aboutit à une seconde place sur laquelle se dresse un obélisque qui, d'ici, semble une immense aiguille. Cette rue, une des plus belles de Rome, s'appelle *via del Babuino*, ou du Singe, et la place est celle du Peuple. Derrière nous, et presque contiguë à notre habitation, l'église *S.-Andrea delle Frate* montre ses campaniles de briques grisâtres dont les cloches harmonieuses tintent en ce moment. Une fois fixé sur la topographie des lieux environnants, nous cherchons à saisir quelques traits de la physionomie que présente la rue à cette heure matinale : une certaine animation y règne déjà.

On voit passer tour à tour des artisans se rendant à leur travail, la veste sons le bras; des religieux de tous les ordres, robes brunes, noires, blanches; quelques-uns portent sur la poitrine un cœur ou une croix de drap rouge ; voici les capucins à la barbe luxuriante, les franciscains chaussés de sandales et ceints de la corde qui retombe à leurs pieds. Plusieurs moines mendiants tiennent à la main un panier de fer-blanc destiné à recevoir la pitance de la communauté. Puis viennent des légions de séminaristes ou de collégiens, ce qui est tout un, les institutions laïques n'existant pas dans la ville éternelle ; les plus petits comme les plus grands sont vêtus de soutanes de toutes nuances. Cette exhibition de quelques instants nous fournit déjà un détail de couleur locale assez prononcée. Décidément nous sommes bien à Rome ! On entend les cris des marchands d'oranges et de citrons, qui offrent leurs fruits dorés dans des paniers de la forme la plus élégante. Des ouvrières traversent rapidement la rue ; elles ont le teint bistré, aucune coiffure ne cache leurs cheveux d'un noir lustré, un châle des plus modestes couvre leurs épaules, et, chose invraisemblable, pas d'apparence de crinoline. A part tout amour-propre national, elles supporteraient à notre avis difficilement la comparaison avec nos sémillantes Parisiennes, à la désinvolture si gracieuse et si piquante. Nous distinguons encore plusieurs groupes de dames voilées, sans chapeau et entièrement habillées de noir, qui se rendent probablement à quelque audience papale. Enfin, pour compléter ce vivant tableau, la foule des étrangers des deux sexes commence à sillonner le pavé, les uns à pied, les autres en voiture.

Pour nous, le rôle passif de témoin ne suffisant plus à notre impatience de tout voir et de tout connaître, nous allons à notre tour prendre part au mouvement général.

Rome, personne ne l'ignore, est un immense et magnifique musée de monuments et d'objets appartenant à tous les âges et à tous les styles. Mais avant de se tracer un itinéraire au milieu des innombrables souvenirs légués par les siècles, l'étranger, obéissant à une attraction irrésistible, se préoccupe tout d'abord d'aller saluer les deux chefs-d'œuvre de l'art chrétien et de l'art païen : Saint-Pierre et le Colysée.

Il est inutile d'aller jusqu'à la place d'Espagne où stationnent les voitures publiques, pour s'en procurer. A tout instant elles passent à vide et nous nous empressons de monter dans la première qui se présente. Les voitures de place ont ici un double avantage : elles marchent vite et sont peu coûteuses, la course est de 75 centimes. Toutefois, le tarif cesse d'être en vigueur la semaine qui précède et celle qui suit Pâques ; il est donc nécessaire de débattre son prix d'avance avec le cocher pour ne pas se trouver entièrement à sa discrétion. Le véhicule brûle le pavé, et, malgré la distance, nous dépose en quelques instants sur les dalles de la place Saint-Pierre après avoir traversé le Tibre sur le pont Saint-Ange que domine le fort de ce nom, l'un des points les plus pittoresques de Rome.

Il semble que nous nous reconnaissions sur cette place comme si nous y étions déjà venu plusieurs fois ; voilà bien, vis-à-vis la basilique, l'obélisque de granit égyptien, avec ses deux fontaines qui ondoient comme des panaches de cristal, décoration si heureusement encadrée par les célèbres colonnades du Bernin, qui déploient harmonieusement leur courbe gracieuse.

N'approchez pas trop si vous voulez contempler à la fois la façade et la coupole de Saint-Pierre ; séparée de son dôme, la basilique ne serait plus qu'un corps décapité. Du reste, la façade paraît froide et plate, quand l'esprit se reporte à nos cathédrales gothiques avec leurs portails ouvragés, illustrés de sujets religieux, livres de pierre sculptée à l'usage du public illettré du moyen-âge. Ici, pour tout ornement, quelques moulures médiocres encadrent les ouvertures entremêlées de colonnes et de pilastres à demi-engagés. On croirait qu'on a devant soi la façade d'un immense palais plutôt que le temple du monde chrétien.

Un vaste portique sur lequel s'ouvrent cinq portes, dont la principale, en bronze antique, donne accès dans l'église. Nous entrons en soulevant avec peine une des lourdes portières de cuir capitonné qui ferment les issues et dont l'usage est fort ancien en Italie (1).

En pénétrant à l'intérieur, nous éprouvons le sentiment de déception commun à tous les visiteurs, qui, trompés d'abord par l'unité, la justesse et l'ordonnance parfaites des proportions, ne trouvent rien d'énorme et d'inoui, et *s'étonnent de ne pas être étonnés*, ainsi qu'on l'a répété bien des fois depuis le président de Brosses. L'étonnement et l'admiration ne se produisent que plus tard, après un examen attentif et à l'aide de comparaisons qui font ressortir la grandeur prodigieuse des détails. Notre intention n'est pas de citer et encore moins de décrire les nombreuses merveilles que contient la basilique, ce n'est qu'une simple carte de visite que nous voulons déposer aujourd'hui aux pieds de l'apôtre dont la statue de bronze est placée dans la nef. Saint-Pierre est assis et reçoit silencieusement les hommages des fidèles, qui, en passant devant lui, ne manquent pas de s'agenouiller et de baiser un de ses pieds, dont le pouce est usé sous le frottement répété de leurs lèvres. Quelques-uns prennent la précaution

---

(1) On suspendait des rideaux aux balustrades qui entouraient le sanctuaire, aux arcades des nefs, etc. Les portes étaient fermées au moyen de rideaux gigantesques dont la tradition s'est conservée jusqu'à nos jours en Italie dans ces pesantes tentures qu'il faut soulever et pousser devant soi pour pénétrer dans les églises.

DE CAUMONT (*Architecture religieuse*).

de l'essuyer avant d'y coller la bouche. Les plus fervents appliquent légèrement leur front sur le bronze, genre de manifestation dont nous ne saisissons pas bien le sens. Peut-être ces dévots seraient-ils plus réservés dans leurs pieux témoignages, s'ils pouvaient soupçonner que l'objet de leur vénération ne serait autre, comme l'assurent certains anti-quaires, que la statue païenne de Jupiter Stator, métamorphosée plus tard en apôtre chrétien; une auréole de cuivre doré posée sur la tête a suffi pour opérer cette transformation.

A deux pas du saint personnage s'élève la merveilleuse coupole de Michel-Ange, décorée avec le goût le plus pur et la plus exquise simplicité. Elle est entièrement revêtue de mosaïques d'un coloris plein d'éclat et de fraîcheur. On ne peut la contempler aussi longtemps qu'on voudrait, à moins de s'exposer à un torticolis inévitable.

Nous restons froid devant les quatre-vingt-six pieds de haut du somptueux baldaquin de bronze doré qui occupe le centre de l'église. Ce n'est nullement une recommandation pour nous de savoir que les colonnes de ce baldaquin ont été fondues avec l'airain enlevé au portique du Panthéon d'Agrippa. Sa forme nous paraît disgracieuse, et de plus, il a l'inconvénient de masquer en partie le chevet contre lequel s'appuie la chaire en bois où la tradition affirme que Saint-Pierre a prêché. La décoration qui entoure cette relique est lourde et prétentieuse, aussi réservei ons-nous notre attention pour les superbes mausolées de papes qui s'élèvent à droite et à gauche de la chaire.

Nous passons à côté de quinze ou vingt chapelles sans nous y arrêter, bien qu'elles contiennent des œuvres remarquables de sculpture, de peinture et de mosaïque. L'idée que l'on a autour de soi 748 colonnes ou pilastres, 389 statues, etc., est de nature à donner le vertige. Observons que malgré la quantité de visiteurs qui n'ont cessé d'affluer depuis que nous sommes dans l'église, elle paraît presque déserte tant elle est vaste et profonde.

L'uniforme des hallebardiers pontificaux qui montent la garde au Vatican, et que nous apercevons en sortant de Saint-Pierre, frappe beaucoup la curiosité de l'étranger pouvant se croire revenu au moyen-âge, à la vue de ces hommes affublés du singulier costume dont voici quelques détails : casque avec cimier, collerette blanche et tuyautée à double rang, justaucorps retroussé sur la hanche, étoffe à larges bandes bleues, jaunes et rouges, culottes de même étoffe. Ils sont armés d'une hallebarde à pique, et les jours de cérémonie la cuirasse brille sur leur poitrine ; malgré ce pompeux équipement, ces archers d'opéra ont l'air aussi débonnaire et aussi peu martial qu'il convient à des soldats du pape.

Un trajet d'environ une heure en voiture représente la distance qui sépare Saint-Pierre du Colysée ; quinze siècles se sont écoulés entre l'érection de ces deux colosses de pierre. On traverse presque toute la ville en diagonale. Les premières rues par lesquelles on passe ne se distinguent ni par leur régularité ni par leur propreté ; les constructions sont absolument dépourvues de caractère et d'originalité. Un peu plus loin, à l'aspect des guenilles qui pendent aux fenêtres, des ignobles échoppes des rez-de-chaussée, des vêtements sordides des habitants, en respirant les émanations nauséabondes des immondices répandues partout, il n'est pas difficile de deviner qu'on est en plein *Ghetto*. Mais ici nous ne retrouvons pas les beaux types féminins du quartier juif d'Amsterdam, ni les pittoresques maisons de bois sculpté qui s'élèvent à Francfort, dans la rue où les Rostchild ont pris naissance. La voiture longe bientôt les arcades enfumées du théâtre de Marcellus et débouche sur une place que le cocher n'a pas

besoin de nous nommer, les restes de monuments antiques
qui se montrent gisant par terre suffisent pour la désigner.

Le Forum est le musée lapidaire le plus riche et le plus
étonnant qui existe au monde. Les descendants de Romulus,
sans respect pour le glorieux passé attesté par les splendides
édifices qui s'élevaient dans cet endroit célèbre, où s'agitaient
chaque jour les destinées de la République et de l'Empire,
en ont fait un marché aux bestiaux et le nom classique de
Forum a été travesti en celui de *Campo Vaccino*, champ des
vaches.

Nous ne cherchons aucunement à nous reconnaître
aujourd'hui au milieu de cet amoncellement de fûts de
colonnes, de chapiteaux, de frises, de frontons et de
fragments plus ou moins mutilés de sculpture ayant appartenu
à des monuments civils et religieux, dont il est difficile
d'imaginer le nombre dans un espace aussi resserré. « Tout
cela, dit Goëthe, est pêle-mêle et souvent si rapproché, que
tout pourrait trouver place sur la même feuille de papier. »

Il n'en resterait guère pour y mettre le Colysée, qui dresse
sa masse gigantesque à l'une des extrémités du Forum. Un
sentiment d'orgueilleuse satisfaction, dont nous confessons la
puérilité, s'empare de nous en foulant l'antique pavé de laves
de la *Via sacra*; nous passons gravement sous l'arc de Titus
et nous nous découvrons devant la majesté imposante du
colosse édifié par Vespasien. Ici nous ferons grâce au lecteur
des réflexions plus ou moins senties que le touriste impressionnable et pénétré se croit obligé d'exprimer sur les milliers
de citoyens qui ont péri sous la dent des bêtes féroces,
sur la barbarie raffinée des empereurs, etc. Nous dirons
seulement qu'en applaudissant à l'idée de sanctifier la place
ensanglantée par ces horribles hécatombes, qui avaient pour
témoins cent mille spectateurs, l'artiste ne peut s'empêcher

de déplorer l'effet de ces petites chapelles uniformément laides, élevées autour de l'arène, et qui paraissent ridicules et mesquines à côté des puissantes murailles dont elles gâtent la perspective.

Maintenant nous ne nous donnerons pas la tâche facile de vanter après tant d'autres les proportions grandioses, la noble simplicité et l'harmonieuse ordonnance de ce monument, dont les descriptions, les dessins, les photographies se trouvent partout; nous nous bornerons à lancer un anathème de plus sur ces princes romains du moyen-âge et de la renaissance, qui avaient transformé l'amphithéâtre en carrière, d'où ils tiraient les pierres destinées à la construction de leurs palais. Cette exploitation sacrilége dura plus de deux cents ans!

Malgré ces profanes mutilations, il reste encore assez de pierres debout pour remplir le voyageur de surprise et d'admiration. Tout en rendant justice à l'intelligence qui a présidé aux réparations entreprises sous le règne des derniers papes, nous sommes loin de nous associer à l'opinion de l'Anglais réaliste qui s'écriait : *Le Colysée sera une belle chose quand on l'aura terminé.*

L'édifice, complètement restauré et restitué dans son état primitif, perdrait assurément de son attrait pittoresque et de sa poésie grandiose. Un épais manteau de verdure s'étend sur les crevasses et les lézardes; des plantes grimpantes tapissent les murailles ébréchées; des arbrisseaux touffus poussent au milieu des arcades effondrées.

Chaque printemps ramène les oiseaux, qui, cachés dans les buissons sauvages, gazouillent leurs chants les plus mélodieux, que nous écouterions encore si le gardien du cirque n'était venu nous arracher brusquement à notre ravissement en annonçant qu'il allait fermer les portes.

III.

La Trinité des Monts. — La villa Médicis et les peintres de l'avenir. — Les jardins du Pincio. — Promenade pédestre au Corso. — Raphaël banni du Panthéon. — Un masque qui ne plaisante pas. — Le temple de Vesta et le président de Brosses. — Un vrai pèlerin. — Soirée au palais Simonetti. — Il Campi d'Oglio et la Vénus Capitoline. — Illumination du Colysée aux feux de bengale.

Dans la matinée du 7 avril, le soleil fait déjà sentir ses ardeurs; nous escaladons allégrement les degrés de marbre qui aboutissent à la plate-forme sur laquelle est assise l'église de la Trinité, dont nous n'avons fait qu'entrevoir les tours le soir de notre arrivée. Aussitôt entré, nous allons droit à la célèbre *Descente de Croix* de Daniel de Volterre, en foulant aux pieds les remarquables pierres tumulaires du moyen-âge dont le sol est entièrement dallé. Il faut être bien connaisseur pour apprécier la fresque si vantée du peintre italien; le coloris est effacé dans plusieurs parties, et si nous ne craignions d'être traité de profane, nous dirions que les attitudes des personnes sont raides et forcées. Nous aurons l'occasion de voir à Rome tant d'églises intéressantes, parmi les quatre cents qui doivent pouvoir suffire à la piété d'une centaine de mille âmes, que la Trinité des Monts ne saurait nous retenir longtemps.

En descendant celle des deux rampes qui conduit au Pincio, on passe devant la façade du palais Médicis, où est installée l'Académie française de peinture. Accoudés nonchalament aux fenêtres, quelques lauréats, espoir de l'art, rèvent à travers la fumée de leurs pipes la gloire immortelle de Michel-Ange et de Raphaël. Les jardins qui occupent le mont Pincio sont dessinés avec goût et intelligence. Les massifs odorants se composent de plantes méridionales et d'arbustes du nord aux nuances les plus variées. De chaque côté des allées, soigneusement entretenues, se dressent les bustes de personnages illustres, anciens et modernes, supportés par des colonnes et des chapiteaux antiques. Le panorama dont on jouit de la terrasse n'est pas un des moindres attraits de cette promenade.

Aux pieds du spectateur s'étend la place elliptique *del Popolo* avec son obélisque effilé, ses élégantes fontaines de la renaissance et les dômes de ses églises. Une multitude de clochers et de coupoles élèvent fièrement leurs têtes au-dessus d'un océan de maisons aux toits bariolés. La perspective est terminée par des collines verdoyantes, sur le flanc desquelles s'éparpillent de coquettes villas, ombragées par le sombre feuillage des pins parasols. A droite se détachent isolés S.-Pierre et le Vatican, dont les bâtiments uniformes donnent plutôt l'idée d'une vaste caserne que d'un palais où réside le souverain Pontife.

Remarquez en passant ces charpentes que l'on dresse à l'extrémité de la terrasse, elles sont disposées pour le feu d'artifice qui doit être tiré le lundi de Pâques. La place est garnie d'estrades réservées au public muni de billets; nous nous proposons de faire jouir le lecteur de ce spectacle lorsqu'il sera temps.

Trois voies importantes convergent d'un côté sur la place : l'une suit les bords du Tibre, l'autre est la *via Babuino* qui se termine à la place d'Espagne, entre les deux s'ouvre le Corso sur une étendue de deux kilomètres, c'est le boulevard de Rome. Nous le suivons en faisant quelques stations dans les diverses églises situées sur son parcours. Style uniformément, rococo au dehors , prodigalité d'ornements de mauvais. goût à l'intérieur. Observons en passant, que les cafés sont généralement pourvus d'une pièce spéciale où les consommateurs trouvent un grand choix de pâtisseries, comme l'indique cette inscription : *Caffé e pasticceria*. La devanture des confiseurs est émaillée de colombes et de petits agneaux en sucre, surmontés de drapeaux et d'oriflammes à l'occasion du grand jour qui s'approche.

Les constructions ne présentent dans leur architecture aucun caractère saillant, on pourrait aussi bien se croire dans une ville française de second ordre qu'au centre de la capitale fondée par Romulus. La numérotation des maisons diffère de celle adoptée chez nous, les numéros pairs et impairs se suivent sans alterner, des deux côtés de la rue. Chaque ouverture du rez-de-chaussée porte un numéro, de sorte que la même maison en compte quelquefois jusqu'à dix. Notons encore que les boutiques, même les plus brillantes du corso, sont basses et sombres et ne pourraient être mises en parallèle avec les plus modestes magasins de Paris. N'oublions pas surtout de signaler les mendiants dont on est importuné à chaque instant. Ils se recommandent particulièrement à votre charité par les plaques de cuivre aux armes pontificales qu'ils portent au bras, ce qui les transforme en mendiants officiels et patentés.

Un moyen de se soustraire à leurs obsessions, c'est de se réfugier dans cette voiture qui nous offre son hospitalité. Nous donnons l'ordre au cocher de nous mener sans itinéraire arrêté dans les différents quartiers de la ville où sont renfermées les principales curiosités. En un instant nous nous trouvons en face du Panthéon, que les indigènes appellent prosaïquement la Rotonde. Nous ne voulons pas reproduire ici une des innombrables descriptions qui ont été faites de ce monument, un des mieux conservés de Rome antique malgré les mutilations dont il a eu à souffrir.

C'est aujourd'hui une église mise sous l'invocation de sainte Marie des Martyrs. Des autels consacrés au culte catholique sont placés dans les niches occupées jadis par les divinités du paganisme. Raphaël, le dieu de la peinture, n'a pu lui-même échapper à ce pieux ostracisme; le buste qui décorait son tombeau a disparu, ainsi que celui d'Annibal Carrache. Il eut été plus intelligent et plus méritoire de s'opposer à l'érection de ces ridicules lanternons qui déshonorent la coupole de ce magnifique édifice et qu'on a si ingénieusement comparés à des oreilles d'âne.

Nous ne nous arrêterons aujourd'hui sur la place Navone que le temps de jeter un rapide coup d'œil sur les colossales et réjouissantes fontaines qui l'embellissent. Quelques tours de roue nous déposent sur la place de la *Bouche de la vérité*, c'est-à-dire dans l'un des endroits les plus solitaires et les plus curieux de Rome. Le portique qui précède l'église Sainte-Marie *in cosmedin*, est un petit musée de sculptures de diverses époques. L'attention est de suite attirée par ce masque humain en pierre qui semble sculpté dans une de ces meules à bras antiques dont on découvre encore des fragments dans nos campagnes. Vous vous étonnez surtout de la dimension énorme de la bouche toujours béante du monstre. Elle se refermerait immédiatement au cas où la conscience chargée de quelque méfait, vous auriez l'imprudence d'introduire la main dans l'ouverture. Selon une légende plus naïve que vraisemblable c'était une épreuve décisive que l'on faisait subir autrefois aux citoyens accusés de parjure. Aujourd'hui, le mascaron de la Bouche de la Vérité en est réduit au rôle de Croquemitaine, et ne sert d'épouvantail qu'aux enfants qui ne sont pas sages.

Combien nous préférons à la vue de ce hideux visage celle du charmant petit temple circulaire de Vesta, qui montre en face, son élégant péristyle de colonnes cannelées. Sauf quelques modifications intérieures nécessitées par le culte chrétien, presque rien n'a été changé au temple de la déesse du feu, dédié aujourd'hui à la Vierge Marie, nom dont on a baptisé une quarantaine d'églises de Rome. La jeune fille qui nous sert de cicérone nous remet en mémoire les spirituelles réflexions du président de Brosses, auxquelles nous ne sommes pas éloigné de nous associer. « Figurez-vous, dit-il, si on « avait eu la complaisance de nous conserver ce petit temple « tel qu'il était, combien il serait agréable de le voir aujour- « d'hui gracieux, ouvert, isolé avec sa coupole, son rang de « colonnes, un simple autel au milieu chargé d'une flamme « brillante, cinq ou six jeunes vestales vêtues de blanc, cou- « ronnées de roses, plus jolies que l'amour, s'approchant de « l'autel d'un air respectueux, leur fagot de bois d'aloès à la « main. Ma foi on devrait bien nous laisser à Rome un peu de « paganisme pour nos menus plaisirs, je vous jure que nous « n'en aurions pas abusé. »

En quittant le temple de Vesta pour visiter l'église voisine de Sainte - Marie - l'Egyptienne, nous sommes témoin de l'abandon et du cynisme des naturels du pays, qui en plein jour et sans souci des passants, se livrent à l'accomplissement de certains actes intimes réprouvés par notre code pénal. Ici la police ne se préoccupe pas de si peu de chose, on se contente de mettre sur les murs l'inscription : *Immondizario*, et ces endroits privilégiés deviennent le réceptacle de toutes les ordures imaginables Hâtons-nous de détourner les yeux de ce spectacle ignoble. En suivant la Via Antonina, nous allons pouvoir contempler les ruines les plus gigantesques du monde.

Les débris des thermes de Caracalla occupent un espace considérable, la plupart des voûtes sont écroulées, un tapis de verdure semé de pâquerettes remplace dans les premières salles les mosaïques dont le sol était revêtu; il ne reste dans les autres que les fragments échappés à la manie destructive des anglais collectionneurs. A l'aide de la science, l'antiquaire peut reconstruire ces débris informes, il assignera à chaque salle sa destination primitive. Pour nous le seul sentiment artistique nous guide ici. Nous sommes tout entier à l'émotion dont il est impossible de se défendre en présence de ces ruines pittoresques et saisissantes. Aucun monument ne donne mieux l'idée de la puissance de ces empereurs que rien ne devait retenir pour réaliser les conceptions les plus fantasques et les plus prodigieuses. Le silence solennel de ces vastes solitudes n'est interrompu que par le chant des oiseaux insoucieux qui viennent s'abriter au milieu des arbustes dont l'épais feuillage sert de linceul verdoyant à ce cadavre de pierre.

Dans notre trajet à la rue des Macelli, nos yeux sont distraits par ces enseignes de barbiers chirurgiens très-communes à Rome, c'est presque toujours la représentation d'un bras d'où jaillit un sang vermeil qui retombe dans une cuvette supportée par un plateau. Rien de plus brutal que ce spécimen de peinture réaliste. Le hasard semble vouloir favoriser notre passion pour la couleur locale en plaçant sur notre chemin un vrai pélerin qui traverse gravement le corso, vêtu du costume classique et traditionnel du moyen-âge, chapeau, bourdon, pèlerine avec coquilles de Saint-Jacques.

Nous avions accepté avec d'autant plus de plaisir pour le soir une invitation gracieuse du général commandant de place, que nous savions rencontrer là le savant archéologue P. Rosa, directeur des fouilles du palais des Césars. Nous nous mêlons aux officiers groupés autour du maître pour écouter les détails donnés par lui sur les nouvelles découvertes faites dans les jardins Farnèse. Sa diction est tellement pure et nette, ses gestes sont si intelligents et si expressifs qu'avec les connais-

sances les plus élémentaires d'italien, on saisit parfaitement
tout ce qu'il dit. Pendant plus d'une heure nous restons sous
le charme de cette parole brillante et instructive.

Nous prêtons aussi une grande attention à une conversation
engagée sur la musique. Nous savions déjà la prédilection
exclusive des Italiens pour les œuvres de Verdi et leur injuste
dédain des compositeurs Allemands. Mais nous recueillîmes
avec plaisir un détail intéressant et tout-à-fait nouveau pour
nous, c'est que dans la plupart des salons aristocratiques de
Rome, s'il prend fantaisie à une maîtresse de maison de faire
chanter un chœur au milieu de la soirée, elle n'a qu'à s'adresser
au premier venu de ses invités. Spontanément et sans autre
préparation, les parties sont organisées avec la plus grande
facilité et l'exécution du morceau ne laisse rien à désirer.
Malgré la vulgarisation des études musicales en France, on
conviendra qu'il reste encore bien des progrès à faire avant
d'obtenir un pareil résultat.

Enregistrons encore ce fait que les relations entre les
officiers du corps d'occupation et les nobles familles du pays
ne s'établissent guère en dehors des mois de villégiature. La
solitude, l'ennui et le désœuvrement auxquels sont livrés ces
patriciens les oblige à chercher des distractions dans la société
des chefs qui commandent les détachements envoyés à tour
de rôle aux environs de Rome. On nous assure aussi que
presque tous les gens du monde parlent correctement le
français et affectent de se servir de cette langue, seulement
dans certaines circonstances. A l'heure où nous quittâmes le
palais Simonetti, habité par le général, les magasins de Paris
étincellent encore de lumière, la circulation des rues est des
plus animées, ici tout est obscur et silencieux; seules quelques
ombres se glissent furtivement le long des murailles et
regagnent précipitamment leur domicile.

Le lendemain nous allions faire visite à l'auditeur de rote
français, pour lequel nous avions une lettre de recommandation,
due à l'amabilité d'un de nos compatriotes. Ce prélat, depuis
évèque de Marseille, doué d'une physionomie intelligente
et sympathique et qui remplit un poste important auprès d'un
tribunal ecclésiastique correspondant à peu près à notre cour
d'appel, nous reçut de la façon la plus bienveillante et la plus
gracieuse. Nous acceptâmes avec reconnaissance les billets de
faveur qu'il voulut bien nous offrir pour assister aux cérémonies saintes. Le palais Savonelli, qu'habitait M. P..., est
peu éloigné du Capitole ; mais ici encore, un pénible désan-
chantement attend le voyageur rempli des souvenirs que ce
grand nom fait naître.

Si vous arrivez du côté opposé au forum, vous avez
devant vous une rampe aux pieds de laquelle sont couchées
deux lionnes en granit ; au milieu de la plate-forme située
au haut de l'escalier se dresse la statue équestre de Marc
Aurèle. L'expression maussade du visage de l'empereur, nous
paraît indiquer le peu de satisfaction qu'il éprouve de la transformation moderne de l'antique Capitole. Il doit être surtout
singulièrement choqué d'entendre continuellement résonner à
ses oreilles le nom prosaïque de *Campidoglio*, champ d'huile,
que les Romains de nos jours ont infligé au monument actuel,
exécuté d'après les plans de Michel-Ange. Trois corps de
bâtiments le composent : à droite le musée, à gauche le palais
des conservateurs, au fond celui du sénateur. Un vulgaire
campanile surmonte le palais sénatorial. L'ensemble de ces
constructions ne manque pas d'une certaine harmonie ; mais
qui pourrait s'imaginer qu'à cet endroit même existait un
temple majestueux sur lequel les yeux du monde inquiet
étaient constamment fixés ! « C'est de là que le peuple Romain
« lance la foudre. C'est toujours au Capitole que l'on délibère

« sur la guerre et où la victoire semble avoir fait élection de
« domicile (1). »

Le palais des conservateurs renferme la Pinacothèque ou
galerie de tableaux dont le plus célèbre est la sainte Pétronille,
chef-d'œuvre du Guerchin et dont la copie en mosaïque
existe à Saint-Pierre. Le musée est remarquable par la
quantité d'inscriptions antiques encastrées dans les murailles ;
on y trouve un grand nombre de bas-reliefs et de sarcophages
en pierre, plusieurs salles sont consacrées à des bustes plus
ou moins authentiques d'empereurs et de philosophes. Le
custode n'oublie pas de nous introduire dans un cabinet réservé
à la déesse qui préside aux amours. La Vénus Capitoline, seule
dans la pièce, semble, comme dit P. de Musset, attendre les
visiteurs au fond de son boudoir. Au moyen d'un mécanisme
ingénieux la statue tourne sur elle-même de façon à se montrer
au spectateur sous tous ses aspects. Sa beauté est plus maté-
rielle qu'idéale ; cette divinité possède, à notre avis, autant
de titres que sa rivale du musée de Naples, à l'épithète de
Callipyge. Du capitole à la roche Tarpéienne on sait qu'il n'y a
pas loin : une vieille femme nous ouvre la porte d'un modeste
jardin de la terrasse duquel on aperçoit quelques parties de
cette fameuse roche, dont la base est profondément ensevelie sous la terre. Sa hauteur est aujourd'hui si diminuée
qu'un acrobate exercé pourrait presque sans danger s'élancer
du sommet sur le sol. Le rocher est entouré de banales et
plates constructions dont la présence vient encore enlever le
peu de prestige que conserve ce classique débris.

Voici une affiche qui va peut-être dissiper la mauvaise humeur que nous causent ces déceptions successives : On annonce
pour ce soir une illumination du colysée aux feux de bengale.

---

(1) Rome au siècle d'Auguste, Dezobry.

A l'heure indiquée pour l'ouverture du bureau, nous prenions notre billet d'entrée. A ce moment la lune projette ses rayons mélancoliques sur les vieilles murailles du cirque de Vespasien et leur prête un attrait et une poésie irrésistibles. Les étrangers commencent à envahir l'arène, deux orchestres militaires fournis par l'armée pontificale et la garnison française, se font entendre alternativement. L'exécution est irréprochable des deux côtés, et nous n'aurions eu qu'à applaudir si la musique italienne ne se fut ingérée de jouer un morceau intitulé : *la Strada ferrata*, le chemin de fer. Cette symphonie est naturellement une imitation plus ou moins heureuse des bruits peu mélodieux produits par le sifflet de la locomotive, la cloche, le passage d'un train, et autres manifestations anti-musicales. Nous aurions voulu voir l'ombre de quelque vieux romain surgir de sa tombe pour protester contre cette scandaleuse profanation.

A neuf heures, après une salve de coups de canon, l'édifice s'illumine sur tous les points comme par magie. Derrière les arceaux mutilés, des formes indécises passent et repassent rapidement, on dirait des spectres sinistres s'agitant au milieu des feux rouges et verts qui remplissent les profondeurs et enveloppent les spectateurs de leurs reflets fantastiques. On aurait cru, par instants, que les ruines du colosse allaient s'écrouler embrasées par un incendie dévorant.

Le spectacle de l'extérieur n'était ni moins beau ni moins étrange, des flammes multicolores s'échappaient de toutes les ouvertures et illuminaient tous les objets à des distances considérables. Les éminences qui entourent la Via Sacra étaient occupées par des masses compactes de peuple, les arcs de Constantin et de Titus avaient pour couronnement des légions de gamins ; on les apercevait échelonnés sur les branches des arbres au milieu desquels ils formaient un singulier feuillage. Quand un effet nouveau était obtenu, les applaudissements éclataient avec frénésie.

Les lueurs s'éteignent peu à peu, la foule s'écoule silencieusement à travers le forum dont les ruines solitaires sont alors baignées par la douce et sereine lumière de l'astre des nuits, sur lequel les yeux fatigués par l'intensité trop vive des feux de Bengale, aiment à se reposer.

IV.

L'office des Palmes. — Les chanteurs invisibles. — Sainte-Marie-Majeure et le Grand-Pénitencier. — Saint-Jean de Latran. — La Scala santa. — La bibliothèque vaticane. — Les Thermes de Titus. — Le Moïse de Saint-Pierre-aux-Liens. — Sainte-Praxède et l'Ave-Maria.

Le dimanche des Rameaux ou des Palmes, nous pensions être des premiers en arrivant à Saint-Pierre à sept heures du matin, pour assister à l'office qui ne devait commencer qu'à dix heures. Mais nous avions été prévenu par un grand nombre de personnes des deux sexes. Les estrades réservées aux dames vêtues de noir et pourvues de billets étaient déjà presqu'entièrement garnies. On ne laisse pénétrer près de l'autel que les hommes qui se présentent soit en habit noir, en soutane ou en uniforme militaire. La perspective de se tenir debout pendant plusieurs heures de suite rend inappréciable la petite place que nous sommes parvenu à conquérir sur une des marches de la balustrade qui entoure l'autel. Nous nous trouvons assis entre un gros abbé italien et un officier anglais. Nous ne pouvons jouir longtemps du bénéfice de notre posi-

tion, il faut se lever sur l'invitation des hallebardiers pontificaux qui viennent se mettre en ligne et interceptent toute
communication entre le chœur et la nef. Nous apercevons à
côté du trône papal, adossé au mur de l'abside, des faisceaux
de branches de palmier séché et artistement ouvragé.

On voit circuler incessamment et d'un air affairé les sacris-
tains et autres fonctionnaires ecclésiastiques subalternes, qui
s'occupent activement des préparatifs de la cérémonie; les
vases sacrés en or, ciselés par Benvenuto Cellini, sont appor-
tés sur l'autel. Vers les neuf heures, les soldats forment la
haie pour ménager un passage libre à la procession qui va
bientôt paraître. Cette manœuvre refoule les curieux à droite
et à gauche; il se produit alors un mouvement de presse
affreuse; nous étouffons sous l'étreinte horrible de nos voisins; nos pieds n'adhèrent plus au sol, les mains laissent
tomber les chapeaux aplatis, chacun proteste et murmure;
mais les militaires, insensibles aux plaintes des victimes, nous
serrent de plus en plus contre la balustrade, comme s'ils
avaient affaire à des personnages de caoutchouc.

Voici les gardes-nobles et les dragons pontificaux, puis
viennent les appariteurs au pourpoint de velours, à la chaîne
d'or et à la fraise empesée du temps de Henri IV. Les membres
du corps diplomatique arrivent successivement et vont occuper
la tribune qui leur est réservée vis à vis celle des officiers
français. Pendant ce temps, les conversations s'établissent
partout, confuses et bruyantes, la langue anglaise est celle
qui domine le plus. Le silence ne se fait qu'au moment où la
procession est signalée : les abbés mitrés sont en tête, à leur
suite les évêques, les archevêques, les cardinaux, etc; plusieurs pages ne suffiraient pas à l'énumération des innombrables dignitaires qui composent le cortége du Pape, sur
lequel les regards sont fixés. Le Saint-Père est porté sur la

chaise gestatoriale, précédé par les *flabelli* qui tiennent à la main de magnifiques éventails en plume de paon et d'autruche.

Le calme et la douceur sont peints sur la physionomie vénérable de Pie IX ; les années et les événements qui s'étaient écoulés depuis que nous l'avions vu à Florence, avaient répandu sur ses traits amaigris une teinte de tristesse et de résignation très-apparentes. Tous les groupes qui se trouvent sur son passage s'agenouillent et reçoivent, recueillis, la bénédiction qu'il donne avec un geste plein d'onction et de noblesse. Quelques instants plus tard, nous entendons le saint pontife qui, de son trône, bénit les rameaux qu'on lui présente: sa voix est grave, ferme et sonore.

Cette tribune, fermée par un grillage en losanges dorés qui s'appuie contre un des piliers du chœur, renferme les artistes de la chapelle papale ; les musiciens sont invisibles, cachés au fond de leur loge grillée, mais dès qu'ils chantent on les reconnaît à la nature particulière de voix que certains d'entr'eux possèdent. Aucun orgue ne les soutient, malgré cela ils exécutent avec une justesse et un ensemble étonnants les chœurs les plus compliqués, hérissés de fugues et de contrepoints. Nous n'en dirons pas davantage aujourd'hui, nous réservant d'apprécier plus complètement ces virtuoses à la chapelle Sixtine.

Après la distribution des rameaux aux membres du corps diplomatique et autres personnages officiels, la procession se remet en marche. Chacun vient, sa palme à la main, se placer au rang que lui assigne la hiérarchie. Le défilé une fois terminé, les Suisses font évacuer les abords de l'autel où le prêtre va officier, et nous rentrons dans la nef avec la satisfaction de n'avoir pas eu les côtes entièrement enfoncées par l'espèce d'étau humain qui nous comprimait.

Pendant la célébration de la messe, les assistants circulent, se promènent, causent et rient avec le même abandon
que s'ils se trouvaient sur une place publique; partout la
même absence complète de dignité et de recueillement. Disons,
comme circonstance atténuante, qu'il n'existe dans l'église ni
bancs ni chaises pour le public; on en est réduit à s'asseoir
sur les bases saillantes des piliers, et ces places sont fort
recherchées. Quelques dames, trompant la vigilance des fac-
tionnaires, ont pu apporter leurs pliants. Les costumes les
plus variés, les uniformes les plus riches se montrent dans la
foule qui ondoie et bourdonne. Il est impossible de saisir une
seule parole de l'officiant, à peine si quelques notes du *Stabat*
de Palestrina arrivent à nos oreilles.

Dehors, l'affluence est considérable, on attend la sortie de
Saint-Pierre, on guette surtout le passage des cardinaux et
des autres dignitaires ecclésiastiques qui vont monter dans
leurs carrosses rouge et or, et pour la plupart armoriés. Les
équipages sont escortés par des laquais affublés des livrées les
plus excentriques. Bientôt les régiments s'ébranlent pour retourner dans leurs casernes respectives, et le vide se fait peu
à peu sur la place de la Colonnade.

A l'heure des vêpres, nous nous rendons à l'église de Sainte-
Marie-Majeure où nous ne trouvons guère plus de recueillement qu'à Saint-Pierre. L'intérieur de la basilique est d'une
richesse inouïe, la disposition des trois nefs, séparées par
des rangées de colonnes en marbre blanc, présente une perspective des plus attrayantes. Les chapelles sont resplendis-
santes de dorures, de pierreries, de mosaïques, de peintures,
mais nous commençons à être blasé sur cet étalage de magnificences. Nous sommes surtout singulièrement intrigué par
la vue de ce prêtre qui, du fond d'un confessionnal placé
à droite du chœur, touche de l'extrémité d'une longue ba-

3

guette qu'il tient à la main, le crâne des fidèles qui viennent se prosterner devant lui. Il paraît, nous l'apprîmes plus tard, que ce simple attouchement suffit pour enlever aux pénitents leurs péchés véniels. La tâche du grand pénitencier ne doit pas être une sinécure, à en juger par les nombreux pécheurs qui viennent tour a tour solliciter ce genre d'absolution. Tous ceux qui ont visité l'Exposition de 1865 ont pu voir représentée cette petite scène rendue avec finesse, esprit et vérité par le peintre, Heilbuth, qui a si bien saisi certains traits de la vie ecclésiastique à Rome.

Au moment de sortir de l'église, nous nous croisons avec une procession de pénitents noirs coiffés de la cagoule qui ne laisse entrevoir que deux points brillants à travers le masque d'étoffe. Ensuite s'avancent lentement et gravement sur deux rangs plusieurs centaines de femmes vêtues de noir. En tête, marchent trois de ces pieuses dames, celle du milieu tient à la main une croix, les deux autres portent des cierges.

Le lecteur ne se scandalisera pas si comme diversion récréative nous l'invitons à nous suivre au Pincio pour assister au défilé joyeux des équipages aristocratiques qui sillonnent à cette heure les allées du jardin. Autour des voitures dans lesquelles se montrent les belles et riches patriciennes de Rome, de jeunes fashionnables font caracoller avec grâce leurs chevaux de prix.

Le lendemain des Rameaux, c'est à la basilique de Saint-Jean-de-Latran que nous allions faire notre première visite. Cette église, la seconde de Rome par son importance, est située dans un quartier retiré. Nous ne professons qu'un enthousiasme médiocre pour la façade de Saint-Jean, avec son double portique surmonté de statues, décoration qui conviendrait aussi bien à un théâtre qu'au temple de la prière. A l'intérieur on n'aurait qu'à louer, si le Bernin ne s'était avisé d'orner la nef principale de statues colossales et prétentieuses qui ont l'air d'avoir été placées là pour démontrer que le grand, loin d'être toujours grandiose, n'est souvent que mesquin. Si nous ne citons que la chapelle Corsini parmi celles qui entourent l'église, c'est qu'elle est la plus riche de toutes en objets d'art et de prix, la perfection du travail le dispute à la rareté de la matière. Nous ne mettrons aucune réserve à notre admiration pour le ravissant panorama que l'on découvre de la place Saint-Jean-de-Latran. De vertes et fraîches pelouses ombragées par des ormes séculaires entremêlés de buissons d'aubépines donnent à cette place un caractère tout-à-fait agreste; à gauche et en face on aperçoit dispersés les débris plus ou moins informes de monuments antiques; à gauche s'étend la ligne continue des vieilles fortifications d'Honorius, sur lesquelles les siècles ont déposé une superbe patine d'un brun doré. Cette porte, à côté de nous, qui donne sur la campagne, est celle de San-Giovanni. Au dernier plan s'estompent dans la brume matinale les montagnes bleuâtres du Latium. Tous les objets, merveilleusement disposés pour l'œil du spectateur, se fondent dans un ensemble doux et harmonieux qui offre un tableau vraiment enchanteur.

Avant d'introduire le lecteur dans la chapelle de la Scala-Santa, à quelques pas de Saint-Jean, il est nécessaire de le prévenir qu'il ne peut gravir que sur les genoux les vingt-huit marches de l'escalier saint apporté de Jérusalem, et que monta le Christ lors de la passion. C'est une ascension fort pénible pour les femmes et les vieillards que nous voyons s'efforcer de parvenir en haut. Leur courage est soutenu par la pensée d'obtenir de nombreuses indulgences. Les degrés de marbre sont recouverts d'un plancher mobile sans lequel ils finiraient par disparaître, usés par les genoux des pénitents.

Une superbe avenue conduit directement de Saint-Jean-de-

Latran à Saint-Jean-de-Jérusalem, où l'on remarque des colonnes antiques et des fresques du Pinturicchio peintes sur la
voûte. Nous ne donnerons pas d'autres détails sur cette basilique, voulant nous abstenir de descriptions et d'énumérations
fastidieuses qui sortiraient du cadre de ce récit.

En proposant au lecteur de nous accompagner à la bibliothèque vaticane, ce ne sera pas pour lui montrer les livres
qu'elle renferme. La vérité est que, comme la plupart des
étrangers qui n'ont pas de recommandation spéciale, nous
n'en avons aperçu aucun. On est obligé de se contenter d'examiner les panneaux de bois des armoires dans lesquelles sont
rangés les ouvrages invisibles. Ces panneaux sont d'ailleurs
revêtus de peintures fort estimables dont les sujets ont été
empruntés à l'histoire des Papes. Au milieu de la salle principale, on distingue, parmi les objets exposés et dus la plupart
à la libéralité de divers souverains orthodoxes ou non, une
coupe immense de malachite, présent du czar de Russie, et, à
côté, de riches fonts baptismaux offerts par Napoléon III.

Le custode nous ouvre complaisamment quelques vitrines
remplies de curiosités antiques, dont un grand nombre ont
été données par Pie IX. Mentionnons encore une collection
intéressante de tableaux byzantins, et nous en aurons fini
avec la bibliothèque vaticane. En traversant le vaste corridor
par lequel on communique aux diverses galeries de sculpture
fermées aujourd'hui, nous trouvons plusieurs troupiers français, qui accoudés à une fenêtre contemplent mélancolique-
ment l'admirable vue qu'offre la campagne. A entendre leur
conversation, nous comprenons qu'ils ne peuvent partager
notre enthousiasme sur les beautés pittoresques du paysage.
Ils sont surtout préoccupés de la perspective prochaine d'être
envoyés à leur tour en cantonnement au milieu de ces montagnes, régions malsaines, où il est difficile de se soustraire

à la fièvre, quand on a eu la chance d'échapper aux brigands avec lesquels la lutte est acharnée et incessante.

Bien que moins complets et moins vastes que les thermes de Caracalla, ceux de Titus, bâtis sur l'emplacement du palais d'or de Néron, ne sont pas indignes de la visite des artistes. Le gardien qui nous accompagne, muni d'une torche qu'il promène sur les voûtes, ne manque pas de faire observer que les fresques qui y sont peintes ont inspiré Raphaël dans sa décoration des loges du Vatican. Le coloris en est encore frais et brillant. Mais le titre le plus important à la curiosité et à l'estime des visiteurs, c'est qu'on a découvert enfouies dans ces ruines les œuvres les plus célèbres de la statuaire antique, telles que le Méléagre, le Laocoon, etc.

En attendant que nous allions au Vatican contempler ces chefs-d'œuvre de l'antiquité, nous sommes trop près de l'église S.-Pierre-aux-Liens pour ne pas nous empresser de porter notre humble hommage au génie de la sculpture moderne. Après avoir acquitté le tribut d'admiration qui est dû au Moïse de Michel-Ange; nous sera-t-il permis de hasarder une timide observation, c'est que le sculpteur semble s'être un peu trop préoccupé de donner à la physionomie de son héros une expression farouche et terrible. Le personnage biblique n'aurait rien perdu selon nous de sa gravité et de sa majesté si Michel-Ange ne l'avait orné d'une chevelure dont les boucles pressées retombent sur ses genoux, et qui paraît d'un luxe exagéré, même pour un prophète.

Ste-Praxède n'est qu'à quelques pas de S.-Pierre-aux-Liens, de nombreux équipages stationnent à la porte de l'église. En entrant nous trouvons la foule agenouillée et recueillie devant le prêtre qui est à l'autel. Nous usons du privilége réservé à notre sexe pour pénétrer dans une chapelle encombrée de monde et dont l'accès est interdit aux femmes. Cette chapelle

renferme une partie de la colonne transportée de Jérusalem
et où fut attaché le Christ pour être flagellé. Nous cherchons
vainement comment la présence de cette relique peut motiver
l'exclusion de la chapelle du sexe le plus aimable.

A l'entrée de la nef existe une ouverture creusée dans le
sol, c'est un puits d'environ un mètre de profondeur et dont
le milieu est occupée par la statue de Ste-Praxède, qu'on a
représentée au moment où elle recueille dans une urne les
cendres des martyrs. Le puits était destiné à contenir le sang
des victimes de la religion nouvelle. Laissons la sainte à sa
pieuse et noble mission, l'*Ave Maria*, vient de sonner, c'est
l'heure où il s'opère une transition subite dans l'atmosphère.
Un froid brusque succède tout-à-coup à la chaleur du jour, il
n'est pas prudent de s'exposer aux émanations de cet air malsain, aussi nous quittons Ste-Praxède en même temps que
les fidèles, et nous nous acheminons promptement du côté
de notre domicile.

V.

EXCURSION A FRASCATI.

Paysages. — Les Zouaves pontificaux. — La Bibliothèque du Belvédère. — Villa Tusculane. — La Prison de Frascati.

Quand après huit jours passés en pérégrinations continues, on a visité une centaine d'églises, quand on a contemplé un nombre respectable de monuments antiques et modernes, et qu'on a parcouru plusieurs kilomètres de galeries de tableaux, la nécessité d'une diversion quelconque se fait impérieusement sentir. L'idée de récréer l'esprit et de charmer les yeux par la vue d'une nature tant soit-peu champêtre, sourit singulièrement au touriste le plus fanatique d'art et d'archéologie. Aussi est-ce avec un sentiment de joie non dissimulé que dans la matinée du 11 avril, nous prenions place dans le train du chemin de fer de Rome à Frascati. Il ne faut guère plus de temps pour effectuer ce trajet que pour aller de Provins à Longueville. Seulement, le paysage est quelque peu différent : au lieu de ces gracieux coteaux, de ces vallons fleuris au milieu desquels la Voulzie trace ses capricieux méandres, ce sont des landes immenses, tapissées d'une sombre et maigre végétation ; sur la plaine fauve et stérile, plusieurs aqueducs allongent leurs lignes sévères et crues, de loin en loin quelques cultures, partout des pans de muraille, débris de palais, de temples ; çà et là, des troupeaux de vaches au poil noir, sous la garde d'un pâtre indolent et miné par la fièvre. Toute cette nature est solennelle et mélancolique.

La voie ferrée monte une rampe élevée avant d'atteindre

la gare, où l'on arrive au moyen d'un escalier qui rappelle le débarcadère de Saint-Germain. De là à Frascati, l'omnibus gravit lentement une pente escarpée, quelques belles paysannes au costume pittoresque, ornées de bijoux, de chaînes, de riches pendants d'oreille suivent à pied la voiture, il y a dans leur attitude de la noblesse et de la fierté. Frascati se présente en amphithéâtre; à gauche, une magnifique et imposante construction domine le pays, c'est la villa Aldobrandini.

L'omnibus s'arrête sur une place d'assez bonne apparence, mais avant d'en examiner les détails, nous nous mettons à la recherche d'une voiture pour Albano. Le prix de 50 francs demandé pour une course de quelques heures nous semble exhorbitant et l'excursion est ajournée. Nous userons d'un moyen facile d'échapper aux exigences de MM. les cochers de Frascati; il suffira, en prenant le chemin de fer de Rome à Naples, de descendre à la troisième station, qui est celle d'Albano. Notre journée sera donc entièrement consacrée à visiter Frascati et ses environs.

A défaut de voiture, l'âne, cet animal généralement calomnié, devient ici une précieuse ressource, ses services sont d'autant plus estimés et recherchés que le pays étant très-montueux et très-accidenté, les habitants pratiquent presque uniquement ce mode de locomotion.

Avant d'enfourcher le quadrupède, dont l'air grave et digne témoigne de l'importance de son rôle, nous faisons une halte à *la trattoria della campagna*, le temps de manger quelques morceaux arrosés d'un petit vin rouge du crû, légèrement sucré et propre à donner des forces au cavalier. A propos de cavalier disons un mot des militaires casernés dans la ville et qu'on rencontre à chaque pas, ce sont les zouaves pontificaux, dont l'uniforme présente une certaine analogie avec celui de leurs homonymes d'Afrique; le drap est de couleur gris clair avec des passementeries lie de vin ; ils portent le pantalon flottant, la veste ouverte et des guêtres en cuir jaune ; quant à la coiffure, le képi, de même étoffe que le pantalon, remplace le turban un peu trop entaché d'hérésie. Les zouaves du Pape ont l'air distingué, sont pleins d'urbanité, et parlent généralement le français ; ce corps d'élite est formé d'une réunion de jeunes gens appartenant pour la plupart à de bonnes familles de différentes nations.

Escorté par un guide à la figure honnête, et encore alerte malgré son âge avancé, nous faisons l'ascension de la villa Aldobrandini par un sentier fort raide ; les grandes portes s'ouvrent pour nous et notre pacifique monture et nous mettons pied à terre dans une superbe avenue de platanes qui mène à l'habitation. Avant de pénétrer dans les apparte- ments, l'attention est attirée par un portique orné de co- lonnes et de statues qui s'élève en face de la maison. C'est une sorte de château d'eau d'un style un peu rococo qui fait l'effet de celui de Saint-Cloud. Du rocher escarpé auquel est adossé le monument, l'eau se précipite en rebondissant sur les marches ruisselantes d'un large escalier et viennent retomber avec fracas dans un vaste bassin. L'aspect de ces nappes de cristal à l'heure où le soleil les irise de ses rayons multicolores est ravissant.

La villa Aldobrandini, qui appartient à la noble et illustre famille Borghèse, s'appelle aussi le *Belvédère*, nom parfaite- ment justifié par la vue splendide que découvre le spectateur placé sur le balcon du vestibule de cette demeure princière.

Le regard plonge sur l'âpre campagne romaine qui déroule à perte de vue ses horizons infinis ; du côté du midi, on dis- tingue, baignée dans une lumière vaporeuse, la ville Sainte au-dessus de laquelle rayonne comme une immense auréole la coupole de St-Pierre. Parmi les diverses pièces du rez-de-chaussée, signalons la salle chinoise, décorée entièrement de tentures, de papiers, de meubles et de vases chinois. On se croirait dans le salon de quelque riche bourgeois du céleste empire. La chambre voisine est moins originale, mais elle renferme de précieuses cartes données par Napoléon Ier au prince Borghèse. En visitant la bibliothèque, nous remarquons certains ouvrages profanes que nous serions tenté de dénoncer à la commission de *l'Index*, tels que Voltaire, Eugène Sue, G. Sand, Fr. Soulié, A. Dumas, etc., la *Revue des deux Mondes*, la *Revue de Paris*, et autres publications peu orthodoxes, qui ont dû se glisser par contrebande sur les nobles rayons. Mais à Rome plus qu'ailleurs il existe des accommodements avec le ciel. La chronique populaire rapporte que le pape Grégoire XVI avait une prédilection toute particulière pour les romans de Paul de Kock, dont les sujets ne sont pas généralement empruntés à la *morale en action*.

En sortant du Belvédère, on continue à suivre un sentier pierreux, qui après avoir passé devant la villa Ruffinella, propriété du roi d'Italie, aboutit à la villa Tusculane. A partir de là, le chemin toujours montueux traverse un bois touffu ; l'air printannier qui nous arrive est enivrant ; l'herbe fine et d'un vert tendre que foulent nos pieds est constellée de marguerites, de pervenches sauvages, de violettes qui entr'ouvrent amoureusement leurs corolles d'où s'échappent des parfums délicieux. Bientôt nous marchons sur le sol antique de la *via latina*, pavée de laves polygonales, où les sillons tracés par les chars sont encore visibles. A droite et à gauche de la route, sont épars des fragments de colonnes, de chapitaux, de vases, de statues.

De la villa où Cicéron composa ses fameuses Tusculanes il ne reste plus que quelques vestiges informes de construction, le silence et la solitude règnent maintenant autour de la maison du puissant orateur. Encore quelques pas et sur un des premiers sommets de la montagne, on aperçoit les restes assez bien conservés d'un théâtre, les colonnes qui marquaient l'entrée de la scène sont toujours debout, quatorze rangées de gradins subsistent encore. Plus en arrière, on retrouve des restes de bains; plusieurs rangs de colonnes se dressent avec leurs chapiteaux en forme de champignon d'une coupe assez bizarre. Un coup-d'œil à la source et aux réservoirs qui alimentaient les thermes, et nous connaîtrons à peu près tout ce qui survit aujourd'hui de l'antique Tusculum.

Mais la perspective qu'on a de ce point culminant n'a pas dû beaucoup changer : derrière nous la chaîne violacée des monts Albains, à nos pieds la villa Mondragone, illustrée par un des récits les plus émouvants de G. Sand, à gauche le cône volcanique du monte Calvo, sur les flancs duquel se groupent dans un pittoresque désordre les maisons enfumées de Rocca di Papa; l'ombre qui les enveloppe en ce moment donne au village l'aspect le plus sinistre. Plus loin, Castel Gondolfo, Grotta Ferrata, Marino, montrent leurs blanches maisons inondées de soleil; enfin, au-delà de la plaine, la mer frange la côte d'une large bande d'azur. Il est difficile d'imaginer un site plus varié et plus enchanteur.

Nous nous serions abandonné longtemps au charme de ce spectacle, si notre cicérone, qui espérait faire une seconde excursion dans sa journée, n'eut pressé le départ.

A la suite de ces poétiques émotions, Frascati nous parut, au retour, vulgaire, maussade et malpropre. Les édifices sont insignifiants, les maisons n'ont aucun caractère. En traversant une des rues fangeuses de la ville, nous sommes apostrophé par des cris de forcenés. Aux barreaux en fer des fenêtres d'un vaste et noir bâtiment, étaient suspendues, semblables à des grappes humaines, des têtes hideuses de misérables qui demandaient en vociférant la charité et de quoi manger. C'étaient de malheureux prisonniers qui guettaient les passants étrangers pour en tirer quelques baïoques. Sur cette triste impression, après avoir donné un regard au *casino* dont l'architecture ne présente rien de saillant, nous reprîmes le train de Rome, où nous débarquions sans autre incident.

VI.

Ce matin, le beau ciel de l'Italie manquant à ses habitudes traditionnelles, est couvert d'un brouillard épais à rendre jaloux le royaume d'Angleterre et celui des Pays-Bas. Peu à peu, le soleil un instant éclipsé, perce le voile opaque qui l'obscurcissait et reparaît dans toute sa gloire. Ses rayons contribuent encore à égayer l'aspect du marché qui se tient le mercredi de chaque semaine sur la place Navone; c'est le plus important de Rome. Rien d'animé et de pittoresque comme cette place, à l'heure où elle est encombrée de monceaux de fleurs, de fruits et de légumes parmi lesquels domine le fenouil au feuillage parfumé, dont les indigènes font une consommation considérable. Une délicieuse fraîcheur est continuellement entretenue par l'eau qui jaillit des curieuses fontaines dont la

plus remarquable, au moins comme proportions, est celle du
Bernin. Elle se compose d'un vaste bassin au centre duquel
s'élève un rocher supportant un obélisque entouré de quatre
statues colossales, personnifiant le Nil, la Plata, le Gange et
le Danube. Ainsi que dans la plupart des œuvres du Bernin, le
goût et l'élégance sont sacrifiés au désir de produire de
l'effet.

Ce n'est pas le manque de simplicité qu'on pourrait reprocher à l'église de Saint-Louis-des-Français, dont la façade
n'offre que quelques sculptures insignifiantes qui se détachent
sur la nudité du mur. A l'intérieur, c'est moins le mérite des
tableaux, la richesse des marbres et des dorures qui captivent
le visiteur français, que les mausolées et les pierres tombales
consacrées aux mânes de nos compatriotes plus ou moins
illustres morts à Rome. Cette paroisse est desservie par des
prêtres français qui prêchent dans notre langue nationale.

De l'autre côté de la place Navone se dresse un torse mu-
tilé, presque fruste, devant lequel on passerait avec indiffé-
rence si l'on n'était pas prévenu que c'est un débris de la
statue antique qui reçut le sobriquet de Pasquin, ce tailleur de
satirique mémoire. Qu'on imagine l'avalanche d'épigrammes
qui tomberait sur nos contemporains si la parole était rendue
à ce loustic rival de Figaro, dont la bouche est depuis longtemps condamnée au silence !

Sous la voûte d'entrée du ministère des finances, dans la
cour duquel se trouvent les bureaux de la poste pontificale,
une madone occupe une vitrine éclairée jour et nuit. Nous ne
la signalons que parce qu'elle dépasse en dimension toutes
celles qu'on peut voir à Rome, où du reste elles sont fort
nombreuses. Mais quelle différence avec les madones de
Gênes si richement parées, si originales et si variées dans leurs
attitudes !

Tout en lisant avec avidité les lettres provinoises que nous avions eu le bonheur de retirer de la poste, dont le service, par parenthèse, se fait avec une irrégularité et une lenteur déplorables, nous arrivons sur la place de la Minerve. C'est là qu'est située l'église qui porte le nom semi-païen, semi-chrétien de *Santa-Maria, sopra Minerva*. Cet édifice religieux se distingue des autres monuments de Rome par son style, exclusivement gothique. Mais ce genre d'architecture s'accorde mal avec la profusion abusive d'ornements qui fait des églises de la ville éternelle autant de musées profanes où les yeux sont éblouis, tandis que l'âme reste froide. Aucune séduction de cette espèce n'existe par exemple à Saint-Ouen de Rouen, ce type parfait de l'art ogival, mais en entrant vous êtes de suite impressionné par le caractère de simplicité majestueuse qui règne dans cette nef aux lignes harmonieuses et pures. Les fenêtres aux meneaux délicatement découpés ne laissent pénétrer, sous les arceaux profonds, qu'un jour discret et mystérieux. Ici tout est favorable à la prière, rien ne vient distraire la pensée qui s'absorbe tout entière dans un pieux recueillement, et à part cette critique de goût, nous reconnaîtrons sans peine que peu d'églises de Rome renferment plus de trésors artistiques que celle de la Minerva, dont la perle est le christ de Michel-Ange, admirable de vigueur et de noblesse.

On serait tenté d'attribuer au grand sculpteur Buonarotti la construction du palais Borghèse, en contemplant la superbe ordonnance du double portique dont la cour est encadrée, splendide vestibule où s'arrête le visiteur prêt à s'initier aux merveilles de peinture contenues dans les salles du rez-de-chaussée. Au fond de la cour s'épanouissent, en pleine terre, de charmants massifs de camélias, les tiges ont quatre à cinq pieds de haut, les fleurs montrent, au milieu d'un feuillage luisant et toujours vert, leurs pétales veloutés, nuancés des couleurs les plus vives et les plus fraîches. Maintenant, quand un monsieur en habit noir et en gants jaunes vous aura introduit dans les galeries de tableaux, il ne vous restera plus qu'à porter votre admiration sur les toiles capitales des maîtres, et parmi lesquelles nous citerons seulement : la descente au tombeau et le portrait de César Borgia, par Raphaël, la descente de croix du Dominiquin, la voluptueuse Danaé du Corrége, etc. Après cela vous ne regretterez sans doute pas la légère rétribution qu'en sortant vous aurez laissé glisser dans la main gantée du personnage qui se tient à la porte.

Une des *fonctions* ou cérémonies de la semaine sainte les plus suivies par l'étranger, est celle de la *Lavanda*, lavement des pieds des apôtres, qui a lieu à la basilique de Saint-Pierre. En attendant l'heure de la cérémonie, nous allons faire notre provision quotidienne de nouvelles au cercle des officiers français, où la gracieuse intervention de l'un d'eux nous avait fait admettre. Le cercle occupe le premier étage d'un palais dont l'élégante façade est vis-à-vis la magistrale colonne Antonine. On y reçoit les journaux et les revues des nuances et des provenances les plus diverses, ce qui n'est pas un médiocre privilège dans un pays où l'*osservatore Romano* et le *giornale di Roma*, organes officiels du gouvernement pontifical, sont à peu près les seules publications politiques dont la circulation soit autorisée. Parmi les journaux étalés sur la table, celui qui a pour titre l'*Italie*, imprimé à Turin, se fait remarquer par son hostilité et sa violence contre le gouvernement romain. Le numéro de ce jour reproduit complaisamment un feuilleton d'Ed. About, emprunté à l'*Opinion nationale*. Sous la forme d'un dialogue, on lit une satire anti religieuse des plus vives et des plus piquantes.

Nous convenons que ce n'est pas une lecture bien édifiante,

quand on se dispose à assister à une des cérémonies les plus touchantes du catholicisme. Oublions donc l'*Opinion nationale* et son feuilletoniste : nous voici en tenue d'étiquette à Saint-Pierre, dans la chapelle où va se passer la *fonction* du lavement de pieds. A onze heures, les apôtres, au nombre de 13 (1) et choisis parmi les prêtres de diverses nations, viennent s'asseoir alternativement sur une banquette adossée à la paroi du mur que recouvre une magnifique tapisserie, représentant la cène, d'après Léonard Vinci. Ils portent de longues robes de laine blanche, leur coiffure de même couleur a la forme d'un cône tronqué et rappelle volontiers celle des derviches tourneurs. Les prêtres orientaux sont reconnaissables à leur teint bazanné et à leur barbe épaisse. Pendant que nous nous livrons à cet examen, le canon du fort Saint-Ange résonne pour annoncer que le Pape vient de donner sa bénédiction sur la place de Saint-Pierre. Presque aussitôt Pie IX va occuper le trône disposé pour lui au fond de la chapelle. On nous fait remarquer, dans une des tribunes réservées, plusieurs membres de l'ex-famille régnante de Naples ; la reine est assise à côté de son royal époux, à droite et à gauche les princes de Caserte et de Trapani, puis le roi de Bavière, revêtu d'un superbe uniforme de drap bleu clair.

Le Saint-Père se lève et procède au lavement des pieds des apôtres ; après s'être agenouillé, il frotte le pied que chaque prêtre a plongé dans le bassin de vermeil qui contient l'eau. Tous reçoivent l'accolade et on leur remet un bouquet de fleurs, une bourse et deux médailles commémoratives de l'honneur qui leur est fait.

---

(1) Selon plusieurs auteurs, le 13e apôtre représente l'ange qui vint s'asseoir à la table que Saint-Grégoire disposait chaque semaine pour douze pauvres.

A peine quatre ou cinq prêtres ont-ils été l'objet de ce cérémonial, qu'une partie des spectateurs s'ébranle et quitte tumultueusement la chapelle pour assister à la *cène* qui suit immédiatement la *Lavanda*. Il faut se hâter si l'on ne veut pas être devancé dans la loge vaticane, où est dressée la table servie pour le repas des apôtres. Mais cette précipitation, outre qu'elle est inconvenante dans le sanctuaire de Dieu, peut occasionner de sérieux accidents. Plusieurs personnes sont brutalement renversées, d'autres sont étouffées, on entend des cris de douleur, et tous les ans ces incidents déplorables se renouvellent. Nous devons confesser que ce n'est pas du côté de la tribune des dames que règne l'ordre et le calme ; leur estrade est transformée en une véritable arène ou se livrent les luttes les moins courtoises, on se pousse, on se bouscule, on se meurtrit, et tout cela pour passer en premier. Pour nous, témoin impassible, nous restons à notre poste jusqu'à la fin de la première *fonction*, ce qui nous prive du plaisir de pouvoir donner au lecteur le menu du dîner apostolique.

Comme nous traversions les vastes corridors qui conduisent à la chapelle Sixtine, nous nous croisons avec les apôtres escortés par les hallebardiers du Pape. Derrière eux, on porte des paniers chargés de provisions, c'est la desserte de la table qui appartient de droit aux prêtres ainsi que l'habit de laine dont ils ont été revêtus pour la circonstance.

L'office des ténèbres, à la chapelle Sixtine, ne doit commencer qu'à cinq heures, il est à peine une heure, et déjà les personnes qui ont des billets font queue devant la porte. Cette chapelle ainsi que la chapelle Pauline ont leur entrée sur un vestibule immense appelé salle Royale, dont les murs sont ornés de peintures qui distraient les regards du public condamné à une longue et pénible attente. Enfin à deux heures un des

battants de la portes s'ouvre, et un premier groupe de dames
se glisse par cette issue. Le tour des hommes ne vient que
beaucoup plus tard, le nôtre arrive aussi à notre grande satisfaction, nous prenons place en compagnie de plusieurs prêtres,
capucins, cordeliers, dominicains, etc.

Sans doute c'est un grand bonheur que de pouvoir contempler la fresque du jugement dernier qui est en face de soi,
mais la nécessité de se tenir debout dans une complète immobilité pendant six heures consécutives rend cet avantage moins
précieux. Quelques ecclésiastiques, nos voisins, succombant
à la lassitude, parviennent, avec une extrême difficulté, à
s'accroupir sur leurs talons. Quant aux dames favorisées, elles
peuvent s'asseoir plus ou moins confortablement; nous apercevons certaines d'entre elles, sans doute des anglaises, qui
apaisent les tiraillements de leur estomac avec une nourriture
substantielle.

A un moment, les regards se dirigent à droite sur une tribune semblable à celle qui existe à Saint-Pierre, et dans laquelle entrent, un à un, plusieurs personnages vêtus d'une
robe violette et d'un surplis blanc, ce sont les choristes de la
musique papale; à travers les petites ouvertures losangées
nous entrevoyons leurs visages imberbes. Devant nous s'as-
sied le cardinal Antonelli, reconnaissable par sa grande taille;
ses traits sont parfaitement accentués, ses yeux noirs et profonds, l'ensemble de la physionomie est austère et dur, la tenue de ce prélat accuse quelque négligence.

A l'arrivée du Pape, commencent les chœurs des psaumes
et des lamentations qui précèdent le *miserere*.

On est étonné de suite et charmé tout à la fois par la singularité des timbres des exécutants. Ce ne sont plus ces voix de
soprano si souvent aiguës et grêles qui affectent désagréable-
ment l'oreille; ici les notes les plus élevées sortent pleines et

vibrantes quoiqu'un peu gutturales, les basses possèdent une sonorité et une puissance prodigieuses. Les solos, chantés par Mustapha, le chef des chœurs, se détachent avec une expression d'une suavité incomparable.

A six heures, les artistes attaquent le miserere d'Allegri, dont la musique est empreinte d'une sublime mélancolie ; aucune incertitude dans les intonations, malgré la complication de l'harmonie et l'absence absolue d'accompagnement. Parfois on croirait entendre des sanglots et des gémissements. Tantôt c'est l'accent de la prière dans ce qu'elle a de plus ineffable et de plus touchant, tantôt c'est celui de la douleur résignée. Aucune description ne peut donner l'idée des émotions où vous plongent ces accords divins qui éveillent dans l'âme des sentiments inconnus et profonds. On dirait des chœurs de séraphins qui implorent la miséricorde du Seigneur.

Maintenant la plus grande partie de ces effets est-elle due à la présence de certains chanteurs déclassés, dont l'existence préoccupe beaucoup le voyageur curieux ? C'est une question délicate à laquelle nous ne nous chargerons pas de répondre.

Les cierges s'éteignent un à un ; dans la pénombre apparaissent les silhouettes sinistres des damnés du jugement dernier, qui se tordent dans les horribles convulsions de la douleur sous l'œil implacable du christ vengeur.

A l'issue de l'office des Ténèbres, le Saint-Père se rend à la chapelle Pauline ; elle est alors flamboyante de lumières, des milliers de cierges y sont disposés de la façon la plus ingénieuse. Il était environ huit heures du soir quand nous songeâmes à quitter le Vatican, aspirant à un repos rendu nécessaire après toutes les émotions de cette journée, une des plus fatigantes que nous ayons passées à Rome, mais aussi celle dont nous avons gardé le meilleur et le plus profond souvenir.

Le lendemain nous entendions de la salle Royale le miserere qui se chante le vendredi-saint à la Sixtine. On assure autour de nous que l'auteur de la musique est le maestro Mustapha. Nous n'avons pu vérifier l'exactitude de cette attribution, mais la vérité est que notre impression a été moins vive que celle ressentie la veille, cependant les exécutants ont déployé le même talent et la même perfection, la voix de Mustapha a également ravi l'auditoire.

Nous suivons le public qui se rend à Saint-Pierre pour être présent à l'ostension des grandes reliques, et nous sortons de la cathédrale au bruit des tambours et des trompettes qui retentissent sur la place. Il faut beaucoup d'attention et d'adresse pour se frayer un passage au milieu des voitures innombrables qui circulent et se croisent dans toutes les directions ; on s'en gare d'autant plus difficilement qu'elles courent avec une rapidité extrême, et que la plupart des rues, même les plus fréquentées, sont dépourvues de trottoirs.

La veille de Pâques, nous continuons avec une assiduité qui nous méritera peut-être quelques indulgences là-haut, notre pèlerinage des églises. Celle de Sainte-Marie du peuple, située sur la place del Popolo n'est pas une des moins intéressantes de Rome. On y trouve de somptueux mausolées, des peintures et des mosaïques anciennes. Les vitraux des fenêtres de l'abside se recommandent surtout à ce titre qu'ils sont presqu'une exception dans ce pays. Une autre singularité de l'église, c'est le buste de ce squelette grimaçant près de la porte d'entrée. La tête et les mains sont en marbre jaune dont la teinte de vieil ivoire se détache sur la blancheur des draperies.

Au-dessous on lit cette inscription : *Neque illuc mortuus.*

Nous cherchions encore à nous fixer définitivement sur le sens un peu énigmatique de cette phrase, que déjà nous étions arrivé sur le pont Saint-Ange, qui est à une autre extrémité de la ville. Nous y faisons halte afin d'examiner de près les statues d'anges portant les intruments de la Passion, et à qui les balustrades de marbre servent de piédestal. Ici encore, nous applaudissons à l'exclamation du président de Brosses s'écriant : « Pauvre effet sur un pont; les anges et les « saints sont si bien dans les églises, pourquoi ne les y pas « laisser? Ils n'ont pas l'air de se plaire ici, du moins ils y « font une figure assez déplacée. »

Il est midi, les cloches de la basilique, muettes depuis deux jours, se dédommagent de leur silence et sonnent à grandes volées, l'artillerie du fort éclate en salves répétées, les campaniles des paroisses font retentir l'air de leurs joyeux carillons pour annoncer la résurrection du Sauveur. Nous songions en ce moment ce qu'il adviendrait à nos oreilles, si pour mieux célébrer cette solennité, les milliers de cloches, que l'on assure aller chaque année à Rome, s'avisaient aussi de faire leur partie dans ce branle universel.

Sur la place Saint-Pierre, un cicérone d'un extérieur décent offre ses services au prix modéré d'un franc l'heure pour nous accompagner dans les salles les plus importantes. En prévenant le lecteur que le palais compte environ onze mille salles, il comprendra que l'aide d'un guide expérimenté n'était pas à dédaigner pour s'orienter dans un pareil labyrinthe.

Recueillons-nous avant de pénétrer dans le musée de peinture qui sollicite notre première visite, il s'agit de contempler la transfiguration de Raphaël, la communion de Saint-Jérôme, du Dominiquin, la Sainte-Catherine de Murillo, le martyre de Saint-Processe et Saint-Martinien, dû au pinceau de notre compatriote Valentin, etc. Le local qui abrite les quarante ou cinquante toiles, sublime expression de l'art moderne, est bas, mal éclairé et tout-à-fait indigne d'abriter des hôtes de cette distinction.

Tout a été dit et bien dit sur les beautés classiques que renferment les loges et les chambres de Raphaël, nous nous abstiendrons donc de toute appréciation personnelle, et nous garderons la même réserve sur la collection de sculptures réunies dans les galeries désignées sous les noms de musées *Chiaramonti* et *Pio clementino*.

Des croisées de ces différentes salles, on plonge sur le jardin particulier du Pape, dont une énorme pomme de pin décore l'entrée. Il paraît que ce végétal de bronze formait jadis le couronnement du môle d'Adrien. Si vous affectionnez quelque peu la nature façonnée et travestie par la main des hommes, vous pourrez vous délecter à la vue de ces arbustes qu'une fantaisie puérile a métamorphosés en divers animaux : chiens, lions, moutons, on y aperçoit même des chevaux montés par leurs cavaliers. Exhibition plus bizarre qu'artistique.

Après une visite trop superficielle dans les salles dites de la Bige et dans celles qui servent de sanctuaire au Laocoon et à l'Apollon du Belvédère, nous nous séparons de notre cicérone pour examiner en détail quelques-unes des chapelles de Saint-Pierre. On nous propose de nous introduire dans l'intérieur d'une petite loge que l'on dispose près de l'autel, afin que le Pape puisse s'habiller et se reposer pendant la cérémonie du lendemain, longue et fatigante, surtout pour un vieillard maladif. Le mobilier est fort simple et ne consiste guère qu'en un canapé et des fauteuils de damas rouge

De l'insigne basilique aux thermes de Dioclétien, où nous nous dirigeons, la transition paraîtra moins brusque si nous avertissons le lecteur qu'une partie de l'antique édifice est occu-

pée par l'église Sainte-Marie-des-Anges. Sous les voûtes gigantesques de briques se dressent les humbles autels du culte
chrétien ; plusieurs tombeaux sculptés, quelques tableaux originaux réclament l'attention de l'amateur. Un vaste jardin
sépare l'église d'un cloître de chartreux, construit d'après les
dessins de Michel-Ange. Le disciple de Saint-Bruno, qui sert
de guide aux étrangers, nous apprend qu'il est français, ori-
ginaire d'Alsace ; nous sommes heureux de rendre un hommage
de plus à la douceur et à l'urbanité avec lesquelles notre
compatriote s'acquitte de ses fonctions.

Dans le parcours des rues qui nous ramènent à la via Macelli, nous rencontrons à chaque pas des prêtres qui, suivis
d'enfants de chœur portant l'aspersoir, pénètrent à l'intérieur
des maisons, où ils bénissent les habitants, les meubles et
même les provisions alimentaires. A leur entrée à notre trattoria, tous les consommateurs quittent leur place, font le
signe de croix et s'inclinent dévotieusement pour recevoir la
bénédiction.

Pendant la nuit, nous sommes fréquemment réveillé par des
chants religieux qui retentissent dans notre quartier, nous ne
pensons nullement à nous plaindre de cette interruption de
sommeil qui nous permet d'enregistrer sur nos notes un détail
de plus de couleur locale.

VII.

L'Office de Pâques et la Bénédiction pontificale. — Un moyen de dîner aux frais du Pape. — Illumination de Saint-Pierre. — Une arrestation.

Les cochers de fiacre de Rome ne sont pas les derniers à se réjouir de l'approche du saint jour de Pâques ; ils célèbrent cette fête à leur manière en exploitant le public d'une façon exorbitante. Les voitures sont hors de prix ce jour-là, et encore, heureux qui peut s'en procurer. Les dames avaient sans doute devancé l'aurore pour se rendre à Saint-Pierre, car lorsque nous y arrivâmes, bien qu'il fut à peine sept heures du matin, les tribunes réservées au beau sexe, uniformément habillé de noir comme s'il s'agissait d'un enterrement, étaient déjà presqu'au complet. La multitude des curieux, nous oserions d'autant moins dire des fidèles que la basilique est alors le rendez-vous des étrangers qui professent les cultes les plus divers, la multitude, disions-nous, s'accroît à mesure que l'heure de l'office s'avance. Les soldats romains et français forment la haie dans la grande nef. Quoique vêtu du costume officiel, c'est-à-dire de l'habit noir qui donne accès à la partie réservée du sanctuaire, nous renonçons à user de notre privilège. Nous avions conservé un souvenir trop sensible des tortures auxquelles notre personne avait été soumise le dimanche des Rameaux, pour tenter une seconde épreuve.

Nous nous perdons dans la foule, le mouvement qui s'y produit bientôt annonce l'entrée de la procession ; elle garde le même ordre que dans les cérémonies précédentes, les abbés mîtrés sont en tête, puis viennent ensuite les évêques, les archevêques, les cardinaux. Pendant le défilé, on se montre le cardinal Antonelli, monseigneur de Mérode, ministre de la guerre, et quelques autres notabilités, sans oublier l'illustre Mustapha, chef des chœurs de la chapelle sixtine. Mais tous les regards se concentrent sur la figure douce et sympathique de Pie IX, porté sur la chaise gestatoriale d'où il domine majestueusement le cortège. Le saint-père, coiffé de la tiare, donne sa bénédiction avec un geste plein de grâce et d'onction à tous les fidèles qui se prosternent sur son passage. Une fois la procession terminée, il s'établit un va-et-vient continuel comme sur une place publique. Le désordre dépasse encore celui dont nous avons été témoin le jour des Palmes. On se promène, on se salue, on cause librement, les hommes lorgnent les dames des estrades, les jeunes abbés ne sont guère plus réservés et plus recueillis que les laïques. Un heureux hasard nous fait rencontrer au milieu des masses pressées plusieurs compatriotes provinois qui nous communiquent leurs impressions et se montrent aussi étonnés et aussi scandalisés que nous de la tenue irrévérentieuse de l'assistance. Çà et là, on distingue des groupes de paysans et de paysannes aux costumes pittoresques; contentez-vous de les regarder à distance, si par malheur vous en approchez, vous reculez suffoqué par l'odeur immonde qu'exhalent les villageois avec leurs casaques de peau de bique et leurs immenses bottes de cuir enduites d'une graisse infecte. C'est à peine si nous pouvons saisir quelques notes de la musique sacrée chantée par les *soprani* invisibles de la chapelle papale, le bourdonnement incessant des conversations, joint au piétinement continu des allants et venants, couvre complètement les voix. Malgré cette agitation tumultueuse, les confessionnaux sont en permanence, les pénitents des diverses nations s'y succèdent sans interruption.

Il faut vraiment de la bonne volonté pour se figurer que l'on assiste à un office célébré par le souverain-pontife d'une religion, dans le temple divin. Le voyageur naïf qui aurait choisi ce moment pour venir à Rome retremper sa piété et raffermir sa foi, serait profondément déçu. Pour nous, de moins en moins édifié sur le caractère des cérémonies pascales, nous sortons, porté hors de l'église par le flux et le reflux des vagues humaines qui s'échappent de toutes les issues.

La place présente un coup d'œil des plus grandioses et des plus imposants ; assis sur les degrés de la basilique, des milliers de campagnards mangent tranquillement en attendant la bénédiction papale. Les pois chiches, dont les épluchures jonchent le sol, forment la base de leur modeste et frugal repas. Les troupes de la division française et les milices pontificales sont rangées sur la place, où elles forment le carré. Autour de la colonnade, et surtout du côté de l'ombre, des industriels ont disposé plusieurs files de chaises qu'ils louent à des prix élevés. Une fois installé, nous n'avons plus qu'à observer. En face de l'église, à l'une des fenêtres du café de l'Europe, nous distinguons un appareil photographique destiné à reproduire les détails de la cérémonie qui se prépare. Saint-Pierre ne cesse de verser des flots de peuple qui envahit tous les endroits les plus favorables pour jouir mieux du spectacle ; les terrasses et les toits du Vatican regorgent de curieux. Au centre du carré formé par l'armée, stationnent un certain nombre de voitures découvertes qui renferment des dames éblouissantes de toilettes. A onze heures et demie, les généraux viennent se mettre à la tête de leurs régiments.

Les vibrations de la douzième heure ne sont pas encore
éteintes que le canon gronde, les cloches de la cathédrale
sonnent un carillon formidable, les clairons font retentir
leurs fanfares les plus éclatantes au milieu des roulements
les plus nourris des tambours.

Tous les yeux sont fixés sur la loge papale tendue de pourpre et d'or et dans laquelle viennent se placer successivement
les cardinaux : l'un d'eux dépose la tiare sur l'appui du balcon, puis on voit apparaître une forme blanche qui se détache
sur les robes rouges des prélats, c'est le Saint-Père assis sur
la *sedia gestatoria*.

Un silence complet, unanime, se fait subitement dans cette
masse compacte de plus de cent mille hommes haletants, qui
suspendent leur respiration pour qu'aucune parole, aucune
syllabe, aucun mouvement n'échappe à leur attention. D'une
voix émue mais grave et sonore, le Souverain Pontife adresse
au ciel une touchante invocation, puis avec un geste d'une
suprême majesté, il étend les bras et donne sa bénédiction
urbi et orbi, à la ville de Rome et à l'univers entier. Le moment est d'une solennité saisissante. Comme par une sorte
d'impulsion électrique, tous les genoux se plient à la fois.
Une impression indéfinissable s'empare de la foule attendrie :
on entend en même temps des applaudissements, des sanglots, des cris confus que dominent les acclamations enthousiastes et répétées de *viva Pio nono*! Les bras se lèvent, les
mains se serrent, les mouchoirs s'agitent en l'air.

Debout, montés sur leurs chaises, nos voisins ne sont pas
les derniers à manifester leurs sensations, ils pleurent, ils
trépignent, ils applaudissent. Il serait difficile de rester indifférent au milieu de ces explosions de sentiments sympa-
thiques témoignés par cette multitude en proie à une exhal-
tation indescriptible.

L'agitation se calme peu à peu, on suit du regard les oscil-
lations des feuilles de papier qui voltigent dans l'espace après
avoir été lancées sur la place, selon une coutume traditionnelle, par un cardinal, du haut de la loge vaticane. Ces morceaux de papier contiennent, traduite en plusieurs langues,
la formule de l'indulgence plénière accordée au peuple. Heureux celui qui parviendra à saisir un de ces précieux billets,
car, si ce qu'on dit autour de nous est vrai, son dîner sera
assuré aujourd'hui, et faveur insigne, les frais en seront
supportés par le Saint-Père. Nous laissons ces privilégiés du
hasard à leur agréable perspective pour suivre le torrent qui
s'écoule par les différentes issues de la place.....

Le soir, muni d'une carte d'entrée que nous avait gracieusement octroyé le commandant de place, nous nous faisions conduire au château St-Ange pour assister à l'illumination annuelle de la basilique de Saint-Pierre.

Après avoir franchi plusieurs ponts-levis, traversé un
dédale de sombres corridors sur lesquels s'ouvrent des portes
de cachots, nous ne sommes pas médiocrement surpris de
nous voir introduit dans de vastes salles d'une extrême magnificence. Les voûtes et les murailles sont peintes à fresques,
le sol est pavé d'élégantes mosaïques, l'ameublement est d'une
grande richesse; l'étonnement augmente en songeant qu'on
se trouve dans l'intérieur d'un tombeau. Il paraît que ce
colossal édifice, construit primitivement pour la sépulture
d'un seul homme, avait deux étages de plus. Avec les maté-
riaux qui restent du mausolée de l'empereur Adrien, on pourrait encore bâtir aujourd'hui une ville de troisième ordre.
Singulières destinées que celles de ce monument, tour à tour
sépulcre, forteresse, prison, palais, citadelle !

Encore quelques marches d'un escalier étroit et roide et
nous arrivons au terre-plein dont une partie est occupée par

l'ange qui couronne le château. Des bancs avaient été préparés pour les invités et les honneurs étaient confiés aux soins des officiers de la garnison française.

Aussitôt le soleil disparu de l'horizon, la coupole de Saint-Pierre s'illumine presqu'instantanément et resplendit bientôt de feux qui se détachent comme une parure de diamants étincelants; la terrasse du môle d'Adrien est un merveilleux belvédère pour contempler ce tableau féerique. Au bout d'une heure de ce spectacle, un changement à vue s'opère avec la rapidité de l'éclair. Aux tons dorés de la topaze succèdent sans transition les rubis du rouge le plus vif. Trois cents ouvriers invisibles sont, dit-on, échelonnés sur la croupe du dôme et risquent leur vie pour allumer les verres de couleur destinés à produire ces magiques effets.

Après avoir subi pendant deux heures l'éclat éblouissant de quatre mille cinq cents lampions, la rue sembla bien obscure et bien sombre à nos yeux troublés par l'intensité de cette lumière. Ayant déjà peu de goût pour les aventures nocturnes, nous pressâmes d'autant plus le pas, que nous venions d'entendre le récit d'une arrestation assez bizarre et qui donne une idée de la situation morale d'un pays. Un capitaine d'artillerie, vêtu en bourgeois, avait été arrêté et volé la veille, en plein jour et dans un des quartiers fréquentés de Rome, par trois individus qui faisaient semblant de jouer au palet, près de la *Porta Latina*. Étourdi par la rapidité et l'audace de cette attaque, l'officier, sans moyen de défense, incapable de lutter, s'était laissé dépouiller de ses bijoux et de son argent; mais ces misérables n'avaient pas joui longtemps du fruit de leur exploit. Arrêtés presqu'aussitôt, ils avaient été conduits dans les cachots du fort Saint-Ange, où ils attendaient l'heure de la justice.

VIII.

La Caravane allemande. — Physionomie de quelques Gares de chemin de fer. — Lacs de Némi et d'Albano. — Les Femmes d'Albano. — La Girandola.

Après l'excursion classique de Frascati, il nous restait à entreprendre celles, non moins classiques, d'Albano et de Tivoli. Albano est, nous l'avons déjà dit, une des stations de la *Strada ferrata* de Rome à Naples, avantage qui évite au voyageur le désagrément d'être exploité par un voiturier plus ou moins honnète. Au moment où la main sur la poignée de la portière, nous nous disposions à prendre possession d'un compartiment vide, les employés arrêtèrent notre élan sous prétexte que ce wagon était un de ceux réservés à une caravane allemande se rendant à Naples en train de plaisir. En conséquence nous dûmes attendre, pour nous placer, l'installation d'une centaine de pélerins tudesques qui après avoir assisté aux cérémonies de la semaine sainte se donnaient la distraction d'un voyage à la vapeur.

Nous remarquons en passant qu'au-dessus de la plupart des gares et des maisonnettes de gardes de la voie, il existe un petit fronton demi-circulaire, dont le tympan est occupé par une peinture à fresque. Le sujet représenté est presque invariablement une madone ou une sainte famille. En Suisse, ces sortes de constructions sont généralement des châlets, en Prusse, elles ont la forme de forteresses, en Italie, au moins dans les environs de Rome, elles ressemblent à de petits temples. Une des nombreuses surprises réservées au touriste qui parcourt nos lignes ferrées de Bretagne est celle que lui offre l'aspect de la gare de Sainte-Anne d'Auray. De loin les yeux sont attirés par la statue populaire qui couronne le sommet du bâtiment, dont le style a été emprunté à celui de l'église où se rendent tous les ans en pélerinage les fidèles, des points les plus éloignés. Nul doute que quand les Chinois établiront les chemins de fer chez eux, toutes les stations ne soient ornées de leur petite pagode.

C'est ainsi que l'on trouve dans l'architecture de chaque pays, comme un reflet des mœurs, des croyances et des habitudes qui le caractérisent.

Le chemin qui reste à franchir pour aller de la station à Albano n'offre de remarquable que sa longueur et son insignifiance. A peine sur la place principale, on nous propose des ânes dont le secours est indispensable pour visiter rapidement et commodément les lacs. Nous saisissons avec empressement cette nouvelle occasion de nous perfectionner dans l'art de l'équitation, auquel nous étions absolument étranger avant de pénétrer dans ces aimables et intéressantes contrées.

Nous nous joignons à une cavalcade de touristes qui, sous l'escorte des guides propriétaires des animaux, prennent la direction des lacs. A quelques kilomètres, on traverse l'Aricia, bourg presque contemporain des pyramides d'Egypte, sur un magnifique pont à trois rangées d'arches superposées, un des ouvrages les plus importants exécutés sous le pontificat de Pie IX. Une partie des maisons de l'antique village se trouve dans une situation fort pittoresque, les unes sont accrochées aux flancs des escarpements du sol, couvert d'une végétation sauvage, d'autres se cachent dans les profondeurs des ravins par-dessus lesquels passe le pont monumental qui relie la route d'Albano à celle d'Aricia. Les

paysages qui se déroulent à droite et à gauche du chemin sont
tour à tour agrestes et romantiques; une allée d'ormes au
feuillage d'un vert tendre mène vis-à-vis le palais Chigi.
Nous laissons à droite le village de Genzano, dont les maisons
à toits plats qui s'étagent symétriquement sur une pente
extrêmement raide forment comme les degrés d'un gigantesque
escalier. Tout-à-coup, sans aucune préparation, après avoir
gravi un sentier étroit et pierreux, on aperçoit sous ses pieds,
à une immense profondeur, un lac miniature, véritable saphir
enchâssé dans le roc noir. Les anciens l'avaient appelé
speculum Dianæ: la chaste déesse pouvait y mirer ses attraits
à l'abri des regards indiscrets, dont la protégeaient l'épaisseur
des bois qui entouraient autrefois cette retraite solitaire. De
l'autre côté du lac, les montagnes sourcilleuses montrent leurs
flancs arides et décharnés qui impriment au paysage un caractère sombre et austère. Les quelques maisons disséminées que
l'on entrevoit dans les anfractuosités des rochers constituent
le village de Némi.

Un dernier regard à ce site d'une âpreté saisissante, et
nous revenons sur nos pas jusqu'à l'Arriccia, où le chemin
se bifurque pour continuer d'un côté vers Albano et se diriger
de l'autre sur Castel Gondolfo en côtoyant les bords du lac. Le
lac d'Albano, beaucoup plus vaste et plus étendu que celui
de Némi, n'a pas son charme pittoresque, ses contours sont
gracieusement découpés; dans son onde transparente, immense
miroir de cristal, se reflètent les feuillages des saules et des
chênes qui le bordent et qu'agitent incessamment les caresses
de la brise. Sur la rive opposée, aux pieds du mont Cavo, on
distingue quelques pans de murailles qu'on nous assure être
les ruines d'Albe-la-Longue. A notre gauche, Castel Goudolfo,
résidence d'été du Pape, apparaît avec ses blanches et riantes
maisons que domine l'élégante coupole de l'église.

Nous rentrons à Albano, heureux de la perspective de pouvoir contempler sur place quelques-unes de ces Albanaises, dont la réputation de beauté est si répandue et dont nous avions vu plusieurs types à Rome. Mais notre espoir fut complètement déçu ; une mauvaise chance voulut que toutes les femmes, qui défilèrent devant nous, fussent vieilles ou laides et vêtues plus que simplement. Sans doute elles ne se parent de leurs brillants et pittoresques costumes que les jours de fête, ou lorsqu'elles sont hors de leur pays, emmenées par quelques familles riches, flattées d'en faire l'exhibition sur les promenades publiques. Ce n'est donc pas à Albano que l'étranger doit venir s'il veut emporter une idée favorable des Albanaises.

Quant à la ville, elle ne présente rien de plus caractéristique et de plus intéressant que celle de Frascati.

Nous ne nous y arrêterons pas davantage, de peur de manquer le train revenant de Naples qui, en moins d'une heure, va nous déposer à la gare de Rome.

A notre retour d'Albano, nous assistions au feu d'artifice ou *girandola* qu'on tire chaque année à Rome le lundi de Pâques. Dès la chute du jour, une énorme affluence se porte du côté de la place du Peuple, que domine le mont *Pincio*, sur lequel sont disposées toutes les pièces d'artifice. Vis-à-vis, trois étages de loges superposées sont réservées pour les spectateurs munis de billets. L'une de ces loges est occupée par les cardinaux ; dans une autre, on remarque la famille de l'ex-roi de Naples. Les troupes françaises et papales font le service, les musiques des deux nations jouent alternativement des morceaux d'opéras. La place, plongée dans une demi-obscurité, ressemble à une fourmilière humaine ; les uns se tiennent debout, d'autres sont accroupis sur leurs talons.

Aussitôt l'angelus sonné, des salves de canon annoncent

le commencement de la *Girandola*. On sait combien les compatriotes de Ruggieri excellent dans l'art de la pyrotechnie, ce
sont de véritables virtuoses ; ils réalisent, dans ce genre, des
prodiges d'imagination. Le peuple italien et surtout les Romains, sont fanatiques de ces sortes d'amusements, les feux
d'artifice ont remplacé pour eux *le panem et circences* de leurs
ancètres. Ils y consacrent des sommes considérables, qui,
hélas, s'en vont en fumée !

La première pièce représente la façade de Saint-Jean de
Latran : l'agencement des verres de couleur, roses, jaunes,
blancs, bleus, rouges, est des plus ingénieux ; sauf quelques
parties laissées à la fantaisie de l'artiste, l'architecture de ce
monument est assez fidèlement reproduite. Nous ferons grâce
au lecteur des fusées multicolores, des soleils, des pots de
fleurs, des fontaines de flammes et autres banalités qu'on voit
partout, pour arriver à un divertissement original qui obtient
beaucoup de succès.

Figurez-vous une quantité innombrable de petits ballons
en forme de mitres et colorés des nuances les plus diverses,
lancés au hasard dans l'espace : dans leur voltige désordonnée,
ils se croisent, se heurtent et s'entrechoquent les uns les
autres, se livrant aux luttes aériennes les plus comiques. Des
fusées que l'on dirige sur eux viennent encore compliquer ce
conflit burlesque ; le public rit et applaudit frénétiquement.

Notons encore une autre phase du programme, fort goûtée
des spectateurs. La place elliptique est entourée de poteaux
de bois, reliés entr'eux par de minces fils de fer. A un signal
donné, toute la ligne prend feu, des serpentins courent devant,
derrière, à droite, à gauche et vous enlacent dans leurs
courbes lumineuses d'où jaillissent des myriades d'étincelles ;
en ce moment un de nos voisins a son chapeau troué par la
baguette d'une fusée, mais cet incident demeure presqu'ina-

perçu. On pense bien que les feux de bengale exécutent leur partie dans cette exhibition pyrotechnique. Pour nous, après avoir passé par toutes les nuances de l'arc-en-ciel, notre satisfaction étant complète, nous nous retirons en mêlant nos bravos à ceux des autres assistants.

IX.

Une Canzonetta sur la place du Panthéon. — Compte-rendu de l'osservatore Romano. — La villa Albani. — Un maître d'hôtel de l'antiquité. — Saint-Paul hors les murs. — Sainte-Cécile du Transtevère. — Mystification. — Le café San-Carlo et l'abbé Aulagnier. — Le Palais Barberini et Rospigliosi. — Le Boulet de 1849. — L'illumination et l'Encyclique.

En traversant la place du panthéon, nous nous mêlons à un groupe d'oisifs qui font cercle autour de deux musiciens ambulants, homme et femme, tous deux d'un âge mûr. Le mari chante et joue du violon, la femme l'accompagne avec une guitare. La musique fort originale a un rhytme de tarentelle très-accentué, l'artiste en plein vent chante avec beaucoup de goût et donne à sa voix les inflexions les plus singulières, ses gestes sont du plus grand comique. Nous nous procurons pour une baïoque la Canzonetta qui porte ce titre : Un fils qui demande à son père conseil pour se marier, le père l'engage à renoncer à ce projet en énumérant les défauts des femmes. La chanson a dix couplets remplis d'une malice et d'une bouffonnerie appropriées au sujet.

Le numéro de l'osservatore qui nous tombe sous la main au

café San-Carlo, contient un compte-rendu des cérémonies de Pâques dans lequel nous lisons, qu'à la réception du Pape où figurait la caravanne allemande avec laquelle nous avons voyagé jusqu'à Albano, Pie IX a fait une allocution en latin et en français qui a vivement émotionné les assistants. Puis se trouve en italique la phrase suivante qui est significative : *All' onore di bacciarli il piede participarono anche molti protestanti et erodossi.* Cet hommage rendu au chef du catholicisme est assurément touchant et digne d'être enregistré, mais le pieux journal ne nous dit pas qu'elle est la part de la curiosité dans cette manifestation d'hétérodoxes.

Si vous désirez connaître un des plus beaux spécimens de villas italiennes ne négligez pas de vous faire conduire à la villa Albani.

Nulle part vous ne trouverez des jardins où le pittoresque, *l'utile et l'agréable* soient plus heureusement combinés. A chaque pas vous vous heurtez à des statues, partout des colonnes, des pilastres, des bas-reliefs, des vases abrités sous des dômes de verdure formés par le feuillage touffu des arbres. Le palais a deux étages dont les galeries renferment des chefs-d'œuvre de sculpture, de peinture et de mosaïque. Au détour d'allées sinueuses, s'élèvent de petits édicules composés de débris antiques agencés avec une habileté et une intelligence infinies. La vue dont on jouit des terrasses, n'est pas un des moindres charmes de cette résidence princière. Devant vous, la campagne s'étend avec ses collines aux ondulaisons capricieuses ; leurs croupes arrondies, colorées des tons les plus chauds, reçoivent alternativement la lumière et l'ombre, de là les contrastes les plus bizarres et les plus surprenants.

Nous avions prudemment gardé *le legno* qui nous avait amené, car pour aller de la villa Albani à Saint-Paul hors les murs, la distance est considérable. On sort de la ville par la porte Saint-Paul, qui a conservé l'aspect formidable et rébarbatif des forteresses du moyen-âge. Mais l'œil est invinciblement attiré par une haute pyramide de marbre blanc encastrée dans les fortifications, et dont la forme et la matière tranchent sur les constructions qui l'entourent. C'est le tombeau d'un certain Cestius, qui avait dû réaliser, dans sa profession d'Epulon ou de maître d'hôtel (1), d'importants bénéfices pour se donner le luxe d'un pareil mausolée. Grâce à l'idée originale qu'eut ce fonctionnaire obscur d'emprunter à l'Egypte le style de ce moment funèbre, son nom a traversé les siècles, tandis que celui de personnages plus illustres et plus recommandables est resté dans l'oubli.

La basilique de Saint-Paul, construite dans une plaine à quelque distance des murs d'enceinte, est isolée de toute habitation. Cet isolement s'explique par les émanations pestilentielles qui règnent dans cette région. Pendant six mois de l'année l'église est abandonnée, un prêtre chargé de la surveillance s'y transporte seulement tous les quinze jours.

Quelles sont les causes de cette insalubrité, quels moyens employer pour combattre la malaria? A d'autres appartient la tâche d'étudier et de résoudre ces graves problèmes.

Profitons de la saison favorable pour visiter cette somptueuse basilique dans l'intérieur de laquelle l'œil s'égare au milieu d'une forêt de colonnes de marbres les plus riches et les plus précieux. La frise de la nef principale est décorée par les médaillons en mosaïque de tous les pontifes, depuis l'origine de la papauté jusqu'à nos jours ; plusieurs autels sont taillés dans des blocs de malachite et de lapis lazuli. Des ouvriers travaillent à la façade qui est encore loin d'être achevée.

---

(1) Les Epulons étaient chargés d'ordonner les banquets des dieux à l'occasion d'une réjouissance ou d'une calamité publique.

Notre attention est distraite par l'arrivée du cardinal Antonelli, qui va s'agenouiller à toutes les chapelles. Nous laissons le ministre de Pie IX à ses dévotions pour visiter le cloître, véritable bijou d'architecture et de sculpture. Rien de plus élégant et de plus harmonieux que ses arceaux en plein-cintre divisés par des colonnettes de marbre blanc dans lesquelles sont enchassés comme des diamants, des mosaïques vert et or; elles sont toutes variées et d'une finesse de détails incomparable. Les arcades encadrent un jardin dont la culture nous paraît un peu négligée. L'accès du cloître est interdit aux femmes, mais comme dédommagement, notre aimable cicérone offre à une dame qui nous accompagnait, un charmant bouquet de roses cueilli à son intention dans le parterre claustral.

Dans le trajet de Saint-Paul à l'église Sainte-Cécile, on traverse le ghetto avant de passer le Tibre sur un vieux pont en pierre aux extrémités duquel sont sculptées des têtes de Janus Bifrons. Un coup d'œil à l'église Saint-Barthélemy, située dans l'île de ce nom, suffit pour reconnaître qu'elle ne présente à la curiosité rien de saillant. Le quartier du Transtevère où se trouve Sainte-Cécile, a un aspect désert et mélancolique; un vaste parvis précède l'église élevée sur l'emplacement du palais qu'habitait la sainte, issue d'une des familles les plus nobles de Rome. Le custode nous montre l'étuve et la salle de bains de la riche patricienne, on voit encore les anciennes conduites d'eau protégées par des plaques de fer. Des fresques, peintes sur les murailles par Paul Bril, reproduisent divers épisodes de la vie de la patronne des musiciens. Mais l'intérêt et l'importance de ces souvenirs pâlissent et s'effacent en présence du tombeau de la muse chrétienne, que le sculpteur Maderne a représentée couchée, attitude qu'elle avait lorsqu'on la découvrit dans les catacombes. L'émotion qu'on éprouve en contemplant les lignes pures, le modelé souple de ce corps

délicat et chaste est indéfinissable. La figure est complètement invisible, à peine si l'on aperçoit sous le voile épais qui
l'enveloppe la tête séparée du cou par le glaive meurtrier. Et
cependant, malgré l'ingratitude de sa tâche, l'artiste a trouvé
dans une inspiration divine le moyen de faire un chef-d'œuvre
d'expression et de simplicité qui charme et attendrit; le sentiment dans l'art ne peut aller plus loin.

Comme nous traversions la rue de la Pêcherie, où existent
encore quelques débris du portique d'Octavie, un sacristain,
placé en sentinelle sur la porte d'une modeste église, qui occupe une partie de l'emplacement du monument dédié à sa
sœur par l'empereur Auguste, nous invite instamment à entrer. Le prétexte de son insistance est de vous faire examiner
certains détails du portique invisibles à l'extérieur. Nous nous
laissons gagner, et nous ne découvrons rien de plus que ce que
nous avions aperçu du dehors, mais le cicérone en soutane
était parvenu à obtenir une rétribution peu méritée. Nous le
vîmes aussitôt notre départ, reprendre son poste d'observation
pour attirer le passant bénévole qui, comme nous, se laisserait
séduire par son boniment.

Les églises sont tellement multipliées à Rome et si rappro-
chées les unes des autres, qu'on peut en visiter une dizaine
avant son déjeûner sans faire beaucoup de chemin. Parmi
celles où le hasard nous mène ce matin, nous citerons l'église
des saints Apôtres, qui renferme le tombeau du pape Clé-
ment XIV, un des chefs-d'œuvre de Canova, et celle du Gésu
où les amateurs du style rococo éprouveront les sensations les
plus agréables. Ils seront éblouis par une accumulation de
marbres, de pierres précieuses, de stucs dorés, de mosaïques.
On vous signalera particulièrement un globe énorme en lapis
lazuli, le plus gros morceau connu de cette matière et qui orne
l'autel de Saint-Ignace.

Nous interrompons notre visite aux églises, pour entrer au café San-Carlo, situé à peu près au milieu du *Corso*. Cet établissement ne présente rien de plus luxueux ni de plus brillant que ceux du même genre à Rome, mais il y règne un grand air de propreté, il est bien fréquenté et les consommations y sont excellentes ; la demi-tasse ne coûte que 15 centimes. Outre les deux feuilles politiques dévouées au gouvernement pontifical, on peut se procurer le journal des *Débats*. Nous n'insisterons pas sur l'incommodité des serviettes, réduites aux dimensions de simples mouchoirs de poche, nous préférons signaler au lecteur un des principaux avantages du café : celui d'avoir la certitude d'y rencontrer tous les jours l'abbé Aulagnier. Nous avions malheureusement un peu trop tardé de nous adresser à cet ecclésiastique auquel nous étions recommandé, et qui est considéré comme l'un des hommes les plus érudits et les plus versés dans les antiquités romaines. Enthousiaste de Rome où depuis trente ans il vient passer chaque année cinq ou six mois, l'abbé Aulagnier met sa science et son expérience avec la meilleure grâce au service des étrangers qui ont recours à lui ; par exemple, gardez-vous bien de l'interrompre dans ses explications pour essayer de faire preuve d'érudition, il vous tournerait immédiatement le dos. Malgré les études consciencieuses et assidues auxquelles il se voue depuis tant d'années, le modeste archéologue nous assura qu'il ne connaissait encore qu'imparfaitement la ville éternelle, déclaration peu encourageante que nous livrons à la méditation des touristes qui prétendent voir Rome en huit jours.

Après nous avoir donné quelques renseignements précieux dont nous nous proposâmes de profiter, l'aimable savant nous annonça son départ pour Florence, en exprimant le regret de ne pouvoir nous guider dans nos visites au palais des Césars et aux tombeaux de la Via Appia qu'il estimait être les restes les plus curieux de l'ancienne Rome.

Nous étions encore sous le charme de l'attachante et instructive conversation de l'abbé Aulagnier, quand nous arrivâmes au palais Barberini, qui possède une galerie de tableaux peu nombreuse, mais dont quelques uns ont acquis une célébrité universelle.

Voici d'abord une des Fornarines de Raphaël, l'autre est au musée de Florence. A laquelle donner la palme? Si nous avions qualité pour nous prononcer dans cette délicate question d'esthétique, nous inclinerions du côté de la boulangère dont le portrait est exposé à la tribune des *uffizi*, qui nous paraît l'emporter par la distinction de la physionomie, la noblesse de l'attitude et le charme du coloris. On a dit avec raison, selon nous, que la Fornarine de Rome était plus flamande qu'italienne.

André del Sarto est représenté par ses toiles les plus suaves et les plus harmonieuses. Mais le joyau de la galerie est le portrait de Béatrice Cenci, héroïne d'un drame aussi tragique que mytérieux. La pâleur navrante répandue sur ce visage doux et mélancolique ne s'explique que trop, quand on sait que le Guide peignit ce portrait dans le cachot d'où la jeune fille devait sortir quelques jours après pour marcher au supplice. Ce tableau des plus populaires ici est un sujet constant d'étude pour les peintres qui ont peine à suffire aux innombrables copies commandées par les habitants de Rome.

Près du Quirinal, et à deux pas des chevaux de bronze de la place de Monte-Cavallo attribués à Praxitèle, on trouve le palais Rospigliosi qu'on n'oublie jamais de visiter surtout à cause de la fresque de l'Aurore. La salle qui renferme le chef-d'œuvre du Guide est précédé d'un jardin où les orangers et les citronniers forment de verdoyants bosquets et des tonnelles odorantes, dont l'aspect prépare agréablement l'amateur aux jouissances artistiques qui l'attendent.

Rien de plus suave et de plus frais que cette poétique composition qui occupe le plafond de la salle d'entrée. Quelle délicieuse escorte que celle qui suit le blond Phœbus. Comme le temps doit lui paraître court en compagnie de ces heures légères personnifiées par les plus jolies femmes qu'un dieu puisse rêver. Comment imaginer des poses plus séduisantes et à la fois plus nobles, où trouver des draperies plus moelleuses et plus flexibles! Le coloris a une fraîcheur exquise et un éclat inimitable, en un mot c'est un type suprême du genre gracieux. Pour examiner plus complètement et plus commodément les détails, on a disposé une glace qui réfléchit de haut en bas la fresque du maître, de manière que le spectateur ne soit pas obligé d'imposer à son cou une tension pénible et douloureuse.

L'aurore est un voisinage redoutable pour les peintures qui ornent les autres salles, où cependant on a encore l'occasion d'admirer des toiles fort recommandables, dues au pinceau des Dominiquin, des Carrache, des Poussin, des Rubens, etc.

Sur une console de marbre, nous apercevons un vase en bois contenant un boulet de canon, au-dessous est gravée, sur une plaque de cuivre, l'inscription suivante : « Ce projectile, « lancé du camp français en 1849, a occasionné des dégâts « sérieux à la toiture du pavillon de l'Aurore, heureusement « la fresque n'a pas souffert. » Nous croyons de notre devoir d'ajouter, pour protester contre l'insinuation malveillante de cette phrase que tous les moyens possibles furent employés par les assiégeants afin de préserver les monuments de la ville, et que si quelques-uns subirent des dommages, ce fut tout-à-fait accidentel.

Le soir, on s'étouffe dans les rues, pour jouir du coup d'œil de l'illumination splendide préparée à l'occasion de l'anniversaire du retour du pape de Gaëte. Presque toutes les fenêtres sont éclairées et décorées avec goût et variété. Nous sommes fort embarassé pour fixer nos préférences parmi ces lumineuses exhibitions. Nous citerons cependant les vasques des fontaines de la place Colonna, garnies de fleurs entremêlées de verres de couleur d'un charmant effet, la place Navone où sont reproduits en traits de flammes multicolores les silhouettes de plusieurs monuments civils et religieux, et enfin la décoration chinoise de la place della Minerva, remarquable par son originalité.

En face du Panthéon, est dressée une estrade surmontée d'un immense transparent, on y voit figuré Pie IX distribuant l'encyclique et le syllabus aux nations catholiques. Dans un réchaud embrasé brûlent les mauvais livres; nous distinguons parmi les victimes de l'autodafé : Arius, Luther, Voltaire, Rousseau, Renan, etc.

Quelques jours après l'illumination, la plupart des magasins de librairie étalaient à leurs vitrines les dessins et les photographies de cette scène allégorique, alors pleine d'actualité.

Sur tous les points principaux de la ville, des orchestres militaires font entendre continuellement des symphonies. Malgré l'encombrement de la foule qui se porte dans toutes les directions pour jouir complètement de la fête, aucun accident sérieux n'est signalé.

X.

Les jardins Farnèse, situés sur le mont Palatin, n'offrent absolument rien qui puisse séduire l'amateur d'horticulture ; le sol qui recouvre en partie le palais des Césars est plus émaillé de pierres que de fleurs, il est fort inégal, effondré et creusé de tous côtés. Cependant, de place en place, on rencontre des quinconces verdoyants, des arbres fruitiers et d'agrément ; quelques endroits sont ensemencés en froment : la négligence et l'abandon se font partout sentir. Aussi n'est-ce pas pour ses fleurs et ses récoltes que l'Empereur Napoléon III s'est rendu récemment acquéreur des jardins Farnèse, mais pour y faire pratiquer des fouilles sous l'intelligente direction du savant archéologue romain, P. Rosa. La pioche a déjà mis à jour plusieurs salles presqu'entières, des dallages de marbre et de mosaïque, des colonnes, des statues. A mesure de leur extraction, ces précieux débris sont relevés et viennent reprendre la place que, selon M. Rosa, ils devaient occuper primitivement. Grâce aux inscriptions indicatives que l'habile directeur a fait placer sur des poteaux, vous connaissez la destination de chaque salle : là était l'Académie où se formaient les orateurs, à côté la Bibliothèque, plus loin le Triclinium, etc. Pour donner plus d'autorité à ses attributions, le chevalier P. Rosa a fait suivre chaque indication de citations latines empruntées aux auteurs anciens, tels que

Pline, Salluste, Juvénal, dont les textes servent comme de pièces justificatives à ses allégations.

Les salles de bains sont nombreuses, mais on entre de préférence dans celle de Livie : il n'y a aucune indiscrétion à le faire aujourd'hui. Vous n'êtes plus exposé à y rencontrer la charmante Impératrice, mais vous retrouverez encore à la voûte, des fresques dont le temps n'a pas altéré la fraîcheur, et chose plus rare, quelques traces de dorure sont encore visibles. Dans un encadrement du meilleur goût, nous remarquons Minerve entourée de personnages mythologiques, à côté de la déesse brûle le feu sacré destiné au sacrifice, les détails sont peints avec une douceur et une délicatesse extrêmes. La vue qu'on embrasse des jardins Farnèse est aussi pittoresque que variée, on nous montre l'emplacement du cirque Maximus, entre le Palatin et l'Aventin, et plus loin l'église Sainte-Sabine. Si au bout de dix-huit siècles de sommeil, il prenait tout-à-coup fantaisie aux anciens habitués du cirque de venir reprendre leur place accoutumée sur ces gradins mutilés, une seule satisfaction serait réservée à leur curiosité : celle de contempler l'usine à gaz dont la prosaïque cheminée se dresse à peu près au centre de l'antique arène. Du reste, nous ne serions pas fâché de profiter de la circonstance pour nous faire escorter par un de ces respectables citoyens dans le labyrinthe de salles immenses, enchevêtrées les unes dans les autres, qui composaient le palais des Césars et parmi lesquelles il est difficile de ne pas s'égarer. Les voûtes sont tellement hautes que l'œil a peine à distinguer les peintures et les mosaïques dont elles sont décorées. Chaque empereur a ajouté un monument à un autre monument, on est écrasé par l'immensité de ces murailles cyclopéennes qu'on croirait avoir été édifiées par des géants ; elles ont abrité tour à tour la puissance d'Auguste, de Néron, de Caracalla.

Le lecteur qui a sans doute partagé notre désappointement
à la vue du moderne capitole, ne nous saura pas mauvais gré
de l'introduire dans la partie antique du monument qui donne
sur le forum et dont les restes forment les substructions de
l'édifice actuel. Une superbe rampe conduit à une porte moderne, fermée par une grille de fer ornée de faisceaux de
licteurs et de lances. Cette porte s'ouvre sur une vaste galerie
aux voûtes élevées, construites en pierres brutes. Les ouvertures anciennes, dont on voit encore les traces, ont été bouchées
par Michel-Ange, dans le but de soustraire à l'action destructive de l'air ces murs bâtis d'une pierre tendre appelée pépé-
rin. Une seule ouverture subsiste, c'est une large arcade
cintrée qui d'un côté regarde le forum et de l'autre éclaire
l'escalier du *Tabularium*, que les héros montaient pour aller
recevoir la palme du triomphe. Bien que nous n'eussions pas
le moindre laurier à recueillir, nous nous donnons la facile
satisfaction de gravir les marches foulées par tant de pieds
illustres.

A part le souvenir qui agit sur l'imagination du visiteur
plus ou moins impressionnable, il n'existe là rien de caractéristique et digne d'une mention particulière. Nous descendons
du Capitole avec la même modestie que nous y étions monté,
pour nous livrer à une exploration archéologique des plus
intéressantes parmi les nombreux débris disséminés autour
de l'arc de Septime Sévère. Il fallut fouiller à une profondeur de vingt-quatre pieds pour déblayer ces importants
vestiges. Ils avaient été ensevelis sous les couches épaisses
de terrain formé par les dépôts d'immondices entassées par
plusieurs siècles. L'arc de Septime Sévère, seul resté debout et
complet au milieu de ces ruines, semble contempler avec une
majesté superbe les innombrables squelettes de pierre couchés à ses pieds. Les inscriptions et les bas-reliefs qui le

couvrent ne laissent aucun doute dans l'esprit de l'antiquaire sur son origine et son histoire. Mais il n'en est plus de même quand il s'agit d'assigner une date, un nom, ou une destination à ces nombreux fragments épars sur le sol et qui sont complètement dépourvus d'acte de naissance. Ce n'est que par induction que les érudits sont parvenus à leur donner une attribution probable. Ces colonnes, disent certains archéologues, appartiennent au temple de Jupiter tonnant, à côté sont celles de la Grécostasis, édifice érigé pour la réception des ambassadeurs, plus loin voici les débris du temple de la Fortune, ici étaient les rostres ou tribune aux harangues, cette colonne isolée s'appelle colonne de Phocas. Puis d'autres savants également autorisés contestent ces dénominations et en proposent de différentes, tout aussi admissibles; il résulte de ce désaccord une incertitude et une confusion qui embarrassent et déroutent le voyageur désireux de se former une idée précise sur les monuments du Forum.

Le voisinage du Capitole ne devait avoir rien de bien récréatif ni de bien attrayant pour les habitants de ce quartier, si on considère que d'un côté se dressait la classique roche Tarpéienne, de sinistre mémoire, aujourd'hui bien déchue de sa *grandeur* et de son importance, comme nous l'avons dit ailleurs; de l'autre côté, s'élevaient les degrés des Gémonies, sur lesquels on jetait les cadavres des suppliciés, après que les condamnés avaient été préalablement étranglés dans la prison Mamertine. C'est à Servius Tullius que revient, selon les historiens, l'honneur de cette dernière construction, destinée à renfermer les individus accusés du crime de haute trahison. Sauf la chapelle érigée au-dessus et dédiée à saint Joseph, l'aspect intérieur des cachots creusés dans le roc du mont Capitolin s'est peu modifié depuis le roi Tullius.

Du reste, l'architecture en est peu compliquée : Figurez-
vous deux pièces superposées et percées d'une ouverture
unique au centre de chaque voûte. C'est par ce trou que l'on
descendait les condamnés, liés au moyen d'une corde, et
qu'on leur faisait parvenir la nourriture, quand on ne les
laissait pas mourir de faim, ainsi qu'il advint à Jugurtha et
à ses complices. Aujourd'hui on descend dans les cachots
par un escalier moderne.

A la lueur tremblante d'une torche, le guide appelle notre
attention sur une des pierres de la muraille qui se distingue
par sa dimension et surtout par l'empreinte d'un visage humain qui y est incrustée. Selon la tradition ce serait celui de
saint Pierre, qui fut détenu neuf mois dans cette prison.
L'apôtre ayant été brutalement frappé par un soldat, sa tête
alla porter contre le mur, la pierre s'amollit comme de la cire
sous ce violent contact et l'image du saint y resta profondément gravée. Plusieurs dames qui nous accompagnent tou-
chent de leur chapelet la vénérable empreinte, ou plutôt le
grillage qui la protége. Ce n'est pas la seule trace miraculeuse qui subsiste ici de la détention de saint Pierre; à l'étage
inférieur on voit la source que le vicaire du Christ fit jaillir
subitement pour baptiser ses gardiens Processe et Martinien;
grâce à ce miracle, il est consolant de penser que si les cri-
minels enfermés là plus tard furent exposés à subir les tortures de la faim, du moins eurent-ils la perspective de ne pas
mourir de soif.

On se sent comme soulagé d'un poids immense au sortir de
ces ténébreux et humides cachots, on est heureux de revoir
la lumière du ciel et de respirer l'air du dehors. Pour l'avoir
plus pur et plus vivifiant, nous allons nous asseoir sur les derniers gradins du Colysée. Du haut de cet immense et splendide observatoire, un sublime panorama se déroule au regard,

le soleil, qui verse ses flots d'or sur les objets environnants, les fait étinceler de mille feux et leur donne un air de fête et de joie qui épanouit l'âme et chasse promptement de notre souvenir les gémonies, les prisons, les supplices. Nous ne détachons les yeux de ce tableau enchanteur que lorsque les lueurs mourantes de l'astre roi ont fait place au crépuscule, moment solennel de la rêverie, que Lamartine a si bien décrit dans une de ses méditations :

> . . . . . Le bruit cesse,
> Le silence occupe les airs,
> C'est l'heure où la mélancolie
> S'assied pensive et recueillie
> Aux bords silencieux des mers,
> Et méditant sur les ruines,
> Contemple au penchant des collines
> Ces palais, ces temples déserts.
>
> . . . .
>
> . . . .

XI.

De Rome à Tivoli. — La Villa Adriana. — Le Temple de Vesta. — Transformation des Vestales en garçons de café. — Les grottes de Neptune et des Sirènes. — La Villa d'Este.

Ce n'est pas assurément la première partie de la route qui rend l'excursion de Tivoli intéressante; pendant plusieurs lieues elle est d'une monotonie désolante. On n'a d'autre perspective que les talus élevés qui bordent le chemin des deux côtés et l'encaissent complètement jusqu'au pont sous lequel coule l'Anio ou Teverone. Bientôt votre odorat vous

6

avertit que vous êtes dans le voisinage d'une source sulfureuse. Vous respirez les émanations de la *Solfatarre*, dont les eaux d'un aspect blanchâtre et savonneux coulent à ciel ouvert dans un canal qui communique au Teverone. Ces eaux très-estimées des anciens sont aujourd'hui abandonnées; il n'existe là aucune trace d'établissement thermal, ce qui a lieu de surprendre à une époque où ce genre de médication est si en faveur. A peu de distance de la Solfatarre, on passe devant le tombeau circulaire de la famille Plautia, à l'horizon ondulent les gracieuses et molles collines de Tivoli, couvertes de bois d'oliviers.

La voiture, au lieu de suivre la grande route, fait un détour à droite pour prendre un sentier qui conduit à la villa Adriana. C'est dans cet endroit qu'Adrien, l'empereur artiste, s'était plu à rassembler ce qu'il avait remarqué et admiré dans ses nombreux et lointains voyages.

A peine les portes fermaient derrière nous, qu'un jeune cicerone se présente pour nous escorter. A la faveur de ses indications, nous reconnaissons, en y mettant une certaine complaisance, les débris d'un théâtre grec, d'un pœcile ou portique servant d'abri contre les intempéries de l'air; il est construit de briques en losanges, disposition d'appareillage très-commune chez les anciens. Plus loin, on nous montre des restes informes décorés du nom d'académie, de bibliothèque, de temple de Sérapis; puis des casernes de gardes, des chambres d'esclaves; les stucages qui forment le revêtement des voûtes ont encore conservé des traces de fresques. L'empereur a poussé l'enthousiasme de ce qui l'avait frappé en Grèce jusqu'à se donner l'agrément d'une représentation en miniature de la vallée de Tempé, du Tartare, des Champs-Elysées et autres endroits mythologiques.

Il faudrait plus d'une journée pour étudier sérieusement les

ruines de cette villa impériale, mine féconde et inépuisable
d'objets d'art qui ont enrichi les collections de plusieurs
musées et qu'on explore encore aujourd'hui avec succès. La
preuve en est dans les fragments de mosaïque, de sculpture et
de céramique que des femmes viennent nous offrir, assurant
qu'ils ont été trouvés récemment dans le sol.

Lorsqu'on a rejoint la grande route, une heure suffit pour
atteindre Tivoli, occupé en ce moment par une garnison française. Pour peu que vous teniez à la propreté et au confortable, évitez de descendre à l'hôtel de la Sibylle, où le cocher
s'arrête après avoir traversé les rues sinueuses et détestable-
ment pavées de la ville. Mais le touriste se laisse prendre
aisément à l'appat de l'enseigne, en outre l'hôtel est à proximité des cascades et il touche au fameux temple de la Sibylle
ou de Vesta, dont le péristyle est occupé par un café-restau-
rant qui dépend de l'établissement. Ainsi, là où les chastes
vestales entretenaient continuellement la flamme sacrée en
l'honneur de la déesse du feu, des garçons actifs et empressés
sont chargés de verser sans cesse le nectar de l'Arabie, et
veillent à ce que l'appétit des consommateurs soit toujours
satisfait. Seulement le supplice réservé autrefois aux prê-
tresses oublieuses de leurs devoirs ne menace plus les garçons qui auraient commis quelque négligence dans leur
service.

De la terrasse du temple-café, suspendu au-dessus d'un
gouffre de verdure, la vue est des plus saisissantes. En face
du spectateur, une masse de roches disposées en hémicycle
dressent leurs crêtes aiguës, elles sont presque perpendiculaires:
des aspérités innombrables hérissent leurs flancs minés par
l'action du temps et des eaux. Le soleil les a colorés d'une
teinte rougeâtre qui en rend l'aspect plus sauvage et plus
sinistre. Du sommet de ces roches, l'Anio arrêté brusque-

ment dans son cours par cette formidable barrière, se précipite avec fureur et vient retomber en bondissant d'obstacle en obstacle dans des profondeurs immenses.

Pour jouir de près du spectacle des cascades nombreuses que forme l'eau en se brisant contre les escarpements de la roche, on descend un rapide et étroit sentier taillé dans la pierre volcanique, et on arrive ainsi à la grotte dite de Neptune. Malgré qu'on se sente à l'abri de tout danger, il est difficile de ne pas éprouver une sorte de frémissement vertigineux à la vue de cette avalanche liquide, de ces tourbillons écumants produits par l'eau qui jaillit d'une hauteur prodigieuse et vient s'engloutir avec un bruit infernal. On dirait un tonnerre souterrain qui fait trembler le sol sous vos pieds.

Au-dessous de la grotte de Neptune, est creusée celle des Sirènes, le nom appliqué à cette caverne ne nous semble pas heureusement trouvé. Nous avons peine à nous figurer l'effet fascinateur du chant harmonieux des nymphes invisibles, au milieu de ce chaos et de cet épouvantable fracas. Assurément ce n'est pas cet antre sombre et humide que les enchanteresses eussent choisi pour opérer leurs charmes perfides.

L'eau en rejaillissant pénètre jusque dans la grotte, les planches étendues à l'intérieur sont insuffisantes pour garantir les pieds de bains glacés dont la sensation n'est rien moins qu'agréable.

En remontant le sentier qui contourne le rocher, on arrive du côté opposé à l'endroit où l'Anio, avant d'atteindre l'écueil qui lui barre le passage, coule paisible et inoffensif entre deux rangées d'ormes verdoyants, sans se douter qu'à quelques pas de là il va rencontrer un ennemi terrible.

Maintenant si vous désirez faire une excursion rétrospective dans vos souvenirs classiques, on vous indiquera sur le penchant d'une colline abrupte l'emplacement de la maison quel-

que peu apocryphe du chantre de Tibur (1), puis la villa
Mécène, dont l'intérieur a été converti par l'industrie moderne en usine.

Aux pieds de la villa, un serpent d'argent se tord sur un
vaste tapis d'émeraudes, c'est l'Anio qui a repris son cours à
travers une fraîche et riante vallée, et semble se reposer des
luttes violentes dont il est sorti victorieux.

Une visite, recommandée particulièrement à l'étranger, est
celle de la villa d'Este située à l'autre extrémité de Tivoli.
Après avoir constaté en traversant la ville la malpropreté des
rues, la vulgarité des habitations et des habitants, vous arrivez en face d'une construction grandiose, élevée à la fin du
XVIᵉ siècle par le cardinal d'Este, et fort délaissée aujourd'hui.
Le seul attrait que présente actuellement au visiteur la villa
d'Este, c'est de parcourir ses magnifiques et vastes jardins en
terrasse, rafraîchis par d'innombrables fontaines, de bassins
et de jets d'eau distribués partout et d'une grande variété de
décoration.

De tous côtés des grottes rocailleuses vous offrent un refuge
contre la chaleur du jour, à chaque pas des statues peuplent
les allées solitaires ombragées par des arbres séculaires. Mentionnons encore, ne fut-ce que pour avoir l'occasion d'en
faire la critique, l'exhibition lilliputienne des principaux
monuments de Rome, exposés sur une terrasse qui domine la
campagne. Ce sont de misérables pastiches, en carton pâte, du
Panthéon, de la Barcaccia, de S.-Pierre, des obélisques, etc.,
d'un pauvre effet et dignes de figurer dans une boîte de
jouets d'enfants.

---

(1) Il ne paraît pas qu'Horace ait jamais demeuré à Tivoli; il y allait
souvent, il y composait des vers, mais sans doute dans la maison de Mécène ou de Varus, l'ami de Virgile, qu'Horace a si bien pleuré. (AMPÈRE,
l'*Histoire romaine à Rome.*)

Nous ne nous remettons de cette impression qu'en allant revoir les admirables détails du temple de Vesta, qui se dresse d'une façon si pittoresque sur le bord du précipice dans lequel on tremble à chaque instant de le voir s'engloutir. Sa position sur un point culminant permet de l'apercevoir de toutes parts, il semble avoir été posé là pour l'agrément des touristes et celui des peintres, qui chercheraient vainement ailleurs un site à la fois plus majestueux et plus charmant.

XII.

La Mosaïque Florentine et la Mosaïque Romaine. — Le Commerce de cornes à Rome. — Le cimetière de Saint-Calixte. — Les tombeaux de la via Appia. — Les Colombaria.

De tous les arts qui ont porté si haut et si loin la gloire et la réputation de Rome, un seul est resté florissant ici : nous voulons parler de la mosaïque, cette peinture en pierre, dans la fabrication de laquelle les Romains montrent une supériorité incontestable. Tout le monde connaît la différence qui existe entre la mosaïque florentine et la mosaïque romaine : la première se compose de fragments de marbre taillés, découpés et assemblés comme les pièces d'un jeu de patience, puis fixés au moyen d'un mastic sur une matière dure ; les sujets le plus ordinairement imités sont des fleurs et des fruits. A Rome, les mosaïstes se servent de petits cubes de verre ou d'émail, dont la finesse et la variété de nuances permettent d'obtenir la reproduction fidèle des peintures les plus délicates et les plus compliquées. Les che's-d'œuvre du genre sont à Saint-Pierre.

Dans les rues, dans les cafés, l'étranger est assailli par des individus qui offrent à des prix extrêmement minimes des broches, des bracelets, des boucles d'oreilles en mosaïque ; quand on a acquis quelques-uns de ces objets, il ne s'agit plus que de les porter chez un *orefice* ou orfévre, qui les monte avec goût et habileté.

Si vous résistez aux tentations des mosaïstes, peut-être serez-vous moins insensible à l'invitation des marchands qui vous proposent d'acheter des cornes regardées ici comme préservatifs infaillibles du mauvais sort. Cette industrie est fort populaire et très-répandue chez les superstitieux Romains. On rencontre ces appendices peu élégants, presque partout, dans les plus modestes boutiques comme dans les habitations les plus opulentes. Les cornes conjuratrices, de dimensions différentes, sont montées comme des bijoux, avec plus ou moins de luxe et d'art ; on les voit figurer sur les étagères des salons les plus aristocratiques. Malgré les avantages réservés aux possesseurs de ces produits, le commerce de cornes a peu de succès auprès des étrangers et surtout des français, qui hésiteraient à les emporter avec l'intention d'en faire cadeau à leurs amis.

Nous avons été amené à cette digression par la vue d'une superbe paire de cornes formant le plus bel ornement de la boutique de l'heureux épicier chez lequel nous nous procurons les *candele* ou petits cierges indispensables au visiteur des catacombes. Les catacombes de Rome forment plusieurs cimetières qui portent des noms différents. Mais à moins d'autorisation spéciale, celui de Saint-Calixte est seul ouvert aux étrangers, et encore faut-il obtenir une permission du cardinal vicaire pour y pénétrer. Du reste, c'est le plus intéressant de tous; il suffit de dire que 174,000 martyrs et 46 pontifes y ont été inhumés, pour donner une idée de son importance. Le cimetière de St-Calixte est situé sous la via Appia, à environ deux kilomètres de la ville. La culture du jardin dans lequel nous entrons est fort délaissée. Nous remarquons au milieu de la verdure le sommet de petites constructions recouvertes d'un vitrail par lequel les galeries souterraines reçoivent la lumière. Nos *candele* allumées, le gardien nous fait descendre jusqu'à une certaine profondeur, là on commence à s'engager dans un labyrinthe de galeries fort étroites et dont les parois latérales sont bordées d'un triple étage de niches superposées et creusées symétriquement dans la pouzzolane. La plupart de ces niches, destinées à recevoir les corps, sont vides, les autres sont fermées par des pierres plates posées sur champ, des briques ou des plaques de marbre, revêtues d'inscriptions et de dessins naïfs. Dans plusieurs de celles qui sont ouvertes, on aperçoit des ossements, des fragments de vases, des ampoules ayant contenu le sang des martyrs. Les voûtes ont quelquefois une grande élévation; à mesure que nous avançons, le passage se rétrécit, des avenues s'ouvrent et se croisent en tous sens, l'obscurité et l'humidité augmentent, l'air devient plus épais et plus lourd. De temps en temps, on rencontre des salles spacieuses et assez bien éclairées, c'est dans l'une d'elles que se trouvent les tombeaux des papes saint Damas et saint Corneille. Çà et là, les voûtes sont décorées de peintures à fresques, où l'esprit païen paraît uni au sentiment chrétien.

Malgré toutes les précautions dont s'entouraient les premiers confesseurs de la foi pour se réunir dans ces mystérieuses retraites, nous nous expliquons difficilement comment le secret était si bien gardé que l'œil vigilant et inquiet de leurs persécuteurs ne parvint à le découvrir.

Mais..... nous ne prolongerons pas davantage notre séjour daus cette nécropole souterraine. Nous craindrions de fatiguer nos lecteurs par des descriptions et des indications qui pourraient se ressentir de l'obscurité dont nous sommes entouré en ce moment. Ils seront sûrs de ne pas s'égarer en prenant pour cicerone L. Perret, qui, dans son magnifique ouvrage des catacombes, a relevé et reproduit par la lithochromie les fresques, les inscriptions et les objets renfermés dans ces cryptes funéraires.

Une visite au cimetière païen de la via Appia n'a certes rien qui puisse attrister. Cette promenade est loin d'inspirer des idées lugubres, là plus de sombres et mystérieux couloirs, plus de hideux squelettes humains. On marche à découvert, une large voie s'ouvre devant vous, elle est bordée de monuments plus ou moins bien conservés, plus ou moins remarquables. Le soleil leur dispense chaque jour la lumière de ses plus généreux rayons, l'air est léger et transparent, un calme délicieux règne autour de ces demeures sépulcrales. Les fouilles que l'on pratique depuis quelques temps avec suite et intelligence font découvrir chaque jour de nouvelles chambres. La perspective de ces ruines tumulaires est d'un effet incomparable. Il existe une extrême variété dans la forme et les dimensions des mausolées ; mais à partir de celui de Cecilia Metella, sorte de pâté circulaire semblable au môle d'Adrien, l'intérêt augmente, les sensations deviennent plus vives. Les chambres sépulcrales se rapprochent de plus en plus et se continuent presque sans interruption pendant plus d'une lieue. La route est jonchée de chapiteaux, de fûts de colonnes, de bas-reliefs. De distance en distance, on a élevé de petits murs en brique dans lesquels sont encastrés ingénieusement des fragments intéressants de sculpture. Le tombeau de Costa réclame surtout l'attention par sa singularité ;

sa forme est circulaire, et sur son couronnement est assise une ferme entourée de bois d'oliviers. A droite et à gauche de cette voie cimetière, on a des aperçus ravissants sur la campagne romaine. Vous voyez se détacher dans le désert, qui s'étend devant vous, les doubles et triples lignes de ces aqueducs monumentaux dont la rupture et l'abandon font la beauté du tableau.

Ce chapitre nécrologique serait incomplet, si nous ne le terminions par la description de l'un des asiles mortuaires les plus curieux que nous ait laissés l'antiquité. Cette visite ne sera pas plus lugubre que celle de la via Appia, que nous quittons pour nous introduire dans un jardin clos par des murs blanchis à la chaux et tout-à-fait modernes. Figurez-vous au milieu de massifs verdoyants, deux constructions qui s'élèvent seulement de quelques mètres au-dessus du sol, et dont la partie supérieure est couverte d'un vitrail destiné à éclairer la chambre souterraine. On pénètre dans l'intérieur en descendant les marches d'un escalier étroit, garni d'une rampe de fer. Dans les parois des murailles, sont pratiquées des ouvertures en général semi-circulaires, rangées avec symétrie et formant autant de niches faites pour recevoir des urnes cinéraires. De cette disposition est venue sans-doute le nom de *columbarium* donné à ces constructions. Le coup-d'œil est étrange, on dirait les cellules d'un immense nid de guêpes. Au-dessus de chaque ouverture, une plaque de marbre porte inscrit le nom du défunt; dans l'intérieur de quelques-unes, on voit des vases en terre cuite où sont déposées les cendres.

Au milieu de la salle voûtée en arêtes aiguës, un large pilier a ses quatre faces occupées par plusieurs rangs de cellules, sur deux des côtés on distingue des peintures représentant des fleurs, des fruits et des animaux, surtout des paons.

Suivant l'attestation du guide, cette partie était réservée à la sépulture des serviteurs attachés aux familles impériales. 500 niches sont contenues dans le premier columbarium ; le second n'en renferme que 350, les dispositions sont d'ailleurs les mêmes, moins le pilier central. Avant de quitter ces étranges cimetières, disons que c'étaient des propriétés particulières. D'après le Dictionnaire des antiquités de Richt, le propriétaire vendait ou laissait par testament le droit de disposer d'un certain nombre de niches qui était spécifié dans l'acte.

On conviendra que c'était là un singulier mobilier pour les héritiers.

XIII.

L'observation du dimanche à Rome. — Le palais Barberini et la Galathée de Raphaël. — Le Janicule. — Une représentation au théâtre Argentina.

Nous nous disposions à entrer à la *trattoria del Genio* pour y déjeuner à l'heure accoutumée, mais nous nous aperçûmes de suite que nous avions compté sans notre hôte, dont la porte était close et les volets fermés. Aucun événement grave ne ne s'était passé dans la maison, mais ainsi qu'on nous l'apprit un peu plus tard, le patron se conformait au réglement qui interdit aux restaurateurs, limonadiers et débitants d'ouvrir leurs établissements le dimanche, de dix heures à midi. Au moment où nous allions nous retirer, un garçon, témoin de notre embarras, s'avance par un couloir donnant sur la rue, et fait signe de le suivre, ce couloir avait une issue sur une cour communiquant à la salle du restaurant, et nous voilà subrepticement introduit dans la place. Un procédé analogue nous permet de pénétrer dans le café situé en face.

Au contraire de ces sortes d'établissements, certains musées et palais ne sont ouverts au public que le dimanche, la Farnésine est du nombre. Toutefois, ce n'est pas sans quelque hésitation que nous y conduirons le lecteur, dont la pudeur pourrait s'effaroucher à la vue des peintures qui décorent la grande galerie du rez-de-chaussée. Cette pièce sert de temple aux voluptueuses amours de Psyché ; Raphaël et Jules Romain, en traitant ce galant sujet, se sont moins préoccupés d'habiller leurs personnages que de leur prêter les formes les plus séduisantes, les attitudes les plus gracieuses et les plus provocantes. C'est surtout dans la salle voisine qu'il convient de déposer à la porte tout scrupule pudibond ; elle renferme la célèbre fresque du Triomphe de Galathée, chef-d'œuvre de modelé et de distinction ; par exemple, sans être suspect de bégueulisme outré, il est permis de trouver un peu trop accentuée la posture licencieuse de ce triton éhonté, enlaçant de ses bras nerveux la jolie nymphe qui se prête volontiers à ses embrassements sensuels.

Après cela il n'est pas mal de se sanctifier et de faire pénitence en gravissant péniblement l'espèce de calvaire qui conduit à la plate-forme sur laquelle est située S.-Pierre in Montorio. A côté de l'église, se dresse au milieu d'un cloître un charmant petit édifice à coupole, construit par Bramante. Selon la tradition, c'est sur cet emplacement que l'apôtre fut crucifié. Le religieux qui nous accompagne dans l'église appelle notre attention sur divers tableaux, dont les plus importants sont la flagellation du Christ, par Seb. del Piombo, et la conversion de S.-Paul, par Vasari. Nous sommes d'autant plus heureux de contempler ces toiles qu'elles ont failli disparaître en 1849. Au dire de notre guide, Garibaldi avait mis ses chevaux dans le temple converti en écurie, et le monument avait été sérieusement endommagé par les projectiles lancés pendant le siége.

Les temps sont bien changés: à cette même place, où les obus français causaient leurs ravages en éclatant, nous trouvons aujourd'hui nos braves troupiers qui se livrent, comme des rentiers du Marais, au jeu ultra-pacifique du loto, seulement les jetons sont remplacés par de petits cailloux. La vue qu'on embrasse de la terrasse du mont Janicule, où s'élève S.-Pierre, est regardée à juste titre comme la plus belle de Rome. C'est le panorama le plus complet et le plus grandiose qu'on ait de la ville éternelle, par son étendue et sa variété.

Les fontaines abondent à Rome, et c'est un des plus grands charmes de cette cité d'en rencontrer presque à chaque pas. Quelques-unes sont des monuments remarquables d'architecture et de sculpture. Après celle de la place Trévi, la plus riche et la plus compliquée de Rome, on peut citer la fontaine Pauline, qui occupe le sommet du Janicule. Du bas de cinq niches, ornées de colonnes corinthiennes, se précipitent autant de nappes liquides dont nous apprécions d'autant plus la fraîcheur bienfaisante que la chaleur est accablante aujourd'hui.

Confessons l'infidélité que nous fîmes à la trattoria del Genio, en faveur du restaurant français des Colonnes, situé sur le Corso, et dont la cuisine est française, puis nous mènerons le lecteur au théâtre. Justement plusieurs salles venaient de rouvrir leurs portes, et nous ne voulons pas quitter Rome avant d'avoir fait connaissance avec l'une d'elles. Des deux théâtres lyriques, Apollo et Argentina, le premier devait rester fermé jusqu'à la saison d'hiver, le second inaugurait ce soir là sa réouverture par la représentation de *Violetta* (la Traviata), un des principaux ouvrages de Verdi.

Le théâtre Argentina n'a pas de façade sur la rue, on prend selon l'usage en Italie, deux billets, l'un d'entrée, l'autre de la place qu'on désire occuper. Le parterre, divisé complètement en stalles confortables, coûte 40 baïoques, environ 2 francs; les stalles d'orchestre n'existent pas.

Nous comptons six étages perpendiculaires de loges, trente-et une à chaque étage. Ainsi que nous l'avons remarqué à Florence, les musiciens de l'orchestre ne sont pas disposés tout-à-fait comme en France : ainsi, contrairement à ce qui est usité chez nous, les premiers violons sont à droite du chef, dont le siége s'appuie à la balustrade séparative du parterre, disposition qui nous semble plus rationelle, en ce que celui qui dirige ne tourne pas le dos aux exécutants. Un grand sans façon règne dans l'orchestre, la plupart de ces messieurs, sans en excepter le chef, gardent sur la tête une calotte pendant le cours de la représentation. Ils jouent avec une mollesse et une nonchalance en rapport avec leur tenue; quelques-uns se livrent sans vergogne à un sommeil indécent, mais peu regrettable pour nos oreilles.

Maintenant observons ce qui se passe sur la scène. La prima donna est jolie, elle a une voix juste et bien timbrée, elle vocalise facilement et nuance avec finesse. Le ténor est fort inégal, malgré ses efforts pour satisfaire le public, il recueille plus de sifflets que d'applaudissements. Le baryton paraît être en possession de la faveur des dilettantes; à notre avis c'est le plus médiocre, et nous ne pouvons attribuer son succès qu'à sa gesticulation exagérée, défaut général des comédiens de la péninsule.

Quant aux auditeurs des loges, ils paraissent fort indifférents à ce qui se passe sur la scène à laquelle ils tournent le dos; ils causent et rient avec la même liberté que dans un salon. Nous distinguons quelques l······ romaines d'un type remarquable, et dont l'image se réflète sur les glaces qui décorent les loges. Les conversations ne cessent que pendant l'exécution d'un ballet intercalé entre les 2e et 3e actes. L'attention se concentre sur une charmante danseuse, ou *ballerina*, qui provoque l'enthousiasme.

En résumé, nous nous retirons avec une idée peu favorable des théâtres lyriques de Rome, qui, à notre sens, ne peuvent supporter la comparaison avec les nôtres, observation déjà faite à Florence. Nous comptons sur Naples pour revenir sur nos impressions théâtrales en Italie.

XIV.

Rencontre d'un Provinois. — Le palais Colonna et la Cloaca Maxima. — Le réalisme dans la peinture à S.-Etienne-le-Rond. — La coupole de S.-Pierre. — Le palais Doria — Bibliothèque de la Minerva.

Près du palais de l'ambassade de Venise, monument à l'aspect imposant et sévère, le seul d'ailleurs à Rome qui porte franchement le cachet du moyen-âge, on trouve l'église San-Marco, très-riche à l'intérieur et intéressante surtout par les tombes des nobles vénitiens qui y ont leur sépulture. Mais pour s'enthousiasmer sur les peintures, les mosaïques, les marbres précieux dont S.-Marco est décoré, il faut oublier son homonyme des lagunes, ce joyau architectural de l'Italie.

Le moment du départ étant prochain, nous devions songer à faire viser notre passe-port à l'ambassade française, dont les bureaux occupent une partie du palais Colonna. Comme nous

nous dirigions de ce côté, un militaire du 19ᵉ de ligne nous accoste et s'offre obligeamment de nous introduire dans les bureaux. Notre qualité de Provinois nous valait cette complaisance inattendue de la part de ce fantassin qui, ayant reconnu en nous un de ses compatriotes, s'était décidé à nous aborder et à nous proposer ses services. En causant de la patrie commune, M. F...... nous confia que la perspective d'obtenir bientôt son congé lui souriait infiniment, et que sans être insensible aux beautés artistiques de Rome, la vue du modeste dôme de S.-Quiriace lui procurerait beaucoup plus de jouissances que la contemplation de la splendite coupole de S.-Pierre. Nous retrouvions-là le sentiment du pays natal, si vif chez les Provinois, qui ont toujours présente l'image de leur ville chérie, si loin que le hasard ou les circonstances les aient portés.

Constatons, à propos de cette heureuse rencontre, le plaisir que fait éprouver ici la vue des uniformes français ; sur tous les points vous apercevez nos excellents troupiers dispersés isolément ou réunis par groupes, apportant partout cette gaîté communicative particulière au caractère national. Ceux d'entre eux qui tiennent garnison depuis quelques années ont acquis certaines connaissances archéologiques qu'ils sont fiers de montrer aux étrangers ; on les trouve du reste toujours empressés à rendre service à quiconque le réclame.

Les formalités de notre passe-port remplies, nous parcourons les galeries du palais Colonna, qui renferme des toiles capitales et des meubles d'une magnificence inouie; nous nous arrêtons ravi devant un cabinet en ébène dans lequel sont incrustés 28 bas-reliefs en ivoire, travail prodigieux de délicatesse et de fini. L'auteur a dépensé, dit-on, trente années de sa vie à exécuter ce chef-d'œuvre de sculpture, auquel nous n'avons que le temps de donner un coup-d'œil. Dans la

galerie principale, où sont rangées des statues antiques et
d'estimables peintures, le coup-d'œil doit-être magique lorsque les lustres de Venise, les girandoles aux branches dorées
envoient l'éclat de leur mille lumières réflétées par les nombreuses glaces qui décorent le salon princier.

Des splendeurs du palais Colonna aux immondices de la
Cloaca Maxima, l'antithèse est complète. A l'issue d'un sombre corridor, une odeur infecte se dégage, vous entrez dans
un bâtiment rustique, et à vos pieds vous distinguez une eau
noire et puante qui sort d'un aqueduc souterrain dont l'intérieur est voûté et mesure quinze pieds de haut. Si Sa Majesté
Tarquin l'Ancien honorait aujourd'hui de sa présence la ville
éternelle, il aurait la satisfaction de voir fonctionner avec la
même régularité que de son temps, le remarquable égoût construit par lui il y a près de 3,000 ans. L'endroit ne nous
semble pas très-propice pour faire une acquisition parmi les
nombreux objets étalés sur une table et recueillis dans les
boues de la Cloaca.

Comme les marchands de l'antique forum, nous allons nous
abriter des ardeurs du soleil sous les voûtes trapues de l'arc
de Janus Quadrifrons où se traitaient les affaires commer-
ciales, et nous entrons à l'église S.-Grégoire. Dans une des
chapelles, une fresque du Guide nous donne occasion de faire
connaissance avec plusieurs instruments de musique eu usage
au XVIe siècle. Parmi ces instruments, nous distinguons particulièrement le trombone à coulisses dont les mâles accents
paraissent réjouir les oreilles de S.-Grégoire, placé au centre
des exécutants.

Après avoir traversé les pelouses ombragées du Mont-
Cælio, en suivant un sentier désert qui longe des jardins clos
de murs, on arrive en face d'un monument circulaire, c'est
l'église S.-Étienne-le-Rond. Une rangée de pilastres divise

7

l'intérieur en deux demi-cercles. La disposition de ce temple,
érigé au vᵉ siècle, est des plus originales et des plus saisissantes. Il existait primitivement une double colonnade formant péristyle, le premier entre-colonnement fut fermé au
xvᵉ siècle par un mur sur lequel sont peintes des fresques du
Tempesta et de Pomerancio. Ces fresques reproduisent avec
un réalisme repoussant les supplices des premiers martyrs de
la foi chrétienne. Au-dessous de chaque tableau est inscrit le
nom de l'empereur qui a ordonné le supplice. Nous recomman-
dons ce spectacle aux amateurs de fortes émotions, on ne peut
regarder sans frémir ces abominables scènes. « Cette réalité
» dit justement Beyle est le sublime des âmes communes,
« Raphaël paraît bien froid auprès de S.-Erasme dont on vide
« les entrailles avec un tour. »

Une rapide excursion au dôme de S.-Pierre a bien son
charme après les exhibitions sanglantes de S.-Etienne-le-
Rond. Du reste, on n'emporte une idée à peu près complète des
proportions de la basilique que lorsqu'on est monté jusqu'au
faîte de l'édifice. Une rampe des plus douces conduit à la
plate-forme sur laquelle est assise la coupole. Avant d'y atteindre, on a le loisir d'examiner les nombreuses inscriptions
dont les parois des murailles sont revêtues, et relatives pour
la plupart aux souverains ou souveraines qui ont fait l'ascension de la coupole et même de la boule ou *palla*.

De la plate-forme au sommet du dôme, il y a encore 285
pieds ; pour arriver à la lanterne, on est obligé de marcher
entre les deux surfaces de la calotte de la coupole jusqu'à ce
qu'on soit parvenu à la balustrade extérieure qui fait le tour.
Cette partie de l'ascension est fort pénible, surtout quand le
soleil a échauffé la double enveloppe métallique.

A cette hauteur, l'œil plane sur une étendue immense ; la
campagne est limitée par la mer qui se confond avec le ciel.

On domine le Vatican, qui présente le relief de ses innombrables bâtiments enchevêtrés les uns dans les autres sans aucune apparence de symétrie. Un peu plus haut, vous accédez à une galerie circulaire au-dessous du piédestal de la boule qui supporte la croix. Au moyen d'une échelle perpendiculaire on peut grimper dans la *palla* en bronze qui a 7 pieds 1/2 de diamètre et contient jusqu'à seize personnes à la fois.

Nous ressentons une médiocre prédilection pour ces sortes d'exercices gymnastiques qui n'ont d'autre intérêt que celui d'un peu d'amour-propre satisfait. C'est pourquoi nous renonçons à disputer le passage aux nombreux amateurs qui attendent patiemment leur tour aux pieds de l'échelle. Plusieurs ecclésiastiques se procurent cette puérile jouissance ; mais l'un d'eux, capucin de bonne mine, est doué d'un embonpoint si exubérant, qu'à peine engagé dans le couloir étroit qui mène à la *palla*, il est forcé de descendre ne pouvant plus avancer. La contrariété peinte sur le visage du capucin à la suite de cet échec, provoque une vive hilarité chez la plupart des spectateurs.

De retour de notre voyage aérien, nous assistons dans l'église au défilé d'une procession qui avait lieu à l'occasion de la fête de S. Marc. Des prêtres et des moines de tous les ordres se succèdent sans interruption pendant près d'une heure. Les sept basiliques de Rome sont représentées ; chaque ordre monastique est précédé d'un dais, plusieurs prêtres portent des *ombrellani*, sortes de parapluies à moitié ouverts, et dont les couleurs changent selon la confrérie ou la paroisse. Pendant le défilé, les chants les plus harmonieux remplissent les voûtes dorées de la basilique. « En Italie, dit P. de Musset, la religion nous sourit et nous invite à la bonne humeur, elle réjouit les yeux par la splendeur de ses pompes, ses pratiques sont des parties de plaisir. »

C'est avec cette impression agréable que nous quittons S.-Pierre et ses pompes, pour nous transporter au milieu d'un des sanctuaires artistiques les plus célèbres de Rome.

Les heures s'envolent rapidement au palais Doria, où l'admiration est sollicitée de tous côtés. Il ne faudrait pas trop vous attarder devant les chefs-d'œuvre de Francia, des Carrache, de l'Orizonte, et autres maîtres italiens dont s'enorgueillit le musée : car l'Ecole française, si dignement représentée par Poussin et Claude Lorrain, revendiquerait à bon droit une égale part d'attention et d'enthousiasme.

En qualité de bibliothécaire, nous tenions beaucoup à visiter une bibliothèque où l'on peut voir et toucher des livres, ce qui nous avait été refusé au Vatican. La bibliothèque de la Minerve occupe le second étage du cloître des Dominicains, attenant à l'église Sta-Maria sopra Minerva. Nous pénétrons dans une galerie voûtée, spacieuse et élevée. Deux rangées de pupitres s'étendent d'une extrémité à l'autre. Le conservateur se tient assis à l'entrée sous une espèce de guérite en bois rustique. Les volumes, placés dans des armoires fermées par un grillage, portent une reliure uniforme en parchemin qui n'a rien de flatteur pour l'œil. Des écussons en bois, suspendus à la voûte, indiquent les différentes catégories des ouvrages. Nous comptons une trentaine de travailleurs plongés dans l'étude, partout règne un silence que nous nous efforçons de ne pas troubler.

Un moine vient à nous et s'offre de nous montrer les manuscrits les plus précieux. Les salles qui les contiennent communiquent à la galerie principale et sont fermées par des grilles en fer. Le religieux développe d'abord devant nous un manuscrit du IXe siècle, noté en neumes et orné de miniatures naïves fort curieuses ; nous examinons successivement un Dante annoté du XIIIe siècle, un manuscrit autographe de

S.-Thomas-d'Aquin avec une reliure en argent sculpté en
haut relief, puis une bible en 7 vol. in-f°, dont les caractères
ont près d'un pouce et historiée de superbes enluminures.
Dans une boîte de bois peint, affectant la forme d'un cercueil,
est renfermé un rouleau en peau grisâtre sur lequel est écrit
le Pentateuque en hébreu. On nous met encore sous les yeux
plusieurs volumes d'estampes anciennes, de gravures d'Albert
Durer et de Luca d'Olando, enfin un livre imprimé sur
amiante, à Côme, en 1818.

Une pièce spéciale sert de dépôt aux documents relatifs à la
procédure ecclésiastique. Nous sommes saisi d'un frisson invo-
lontaire en lisant les titres de certains dossiers, tels que : *Visi-
tationes carcerum, Informations criminelles de* 1560-1777. Que
de larmes, que de souffrances derrière ces mots ! Une horrible odeur d'inquisition s'échappe de ces mystérieuses ar-
chives.

Un simple remercîment devait-il suffire à récompenser la
complaisance de notre cicerone ? Telle était notre préoccupation au moment de nous retirer. Mais l'officieux dominicain
vint à propos mettre un terme à notre embarras et nous rap-
peler que nous étions en Italie, en nous priant d'examiner
sa collection personnelle de médailles antiques, dont il
céderait volontiers quelques-unes. La plus modeste de ces
médailles, un Adrien en bronze, était cotée 5 fr., c'est-à-dire
le double ou le triple de sa valeur réelle.

Nous nous exécutons bravement, en admirant le procédé
ingénieux employé pour recevoir du visiteur une rétribution
si bien déguisée, et nous emportons l'Adrien que nous desti-
nons à notre collection particulière, comme un témoignage
précieux de l'hospitalité pratiquée à la bibliothèque de la
Minerve.

XVI.

Les Chambres sépulcrales de la via Appia nuova. — La nymphe Egérie. — La villa Borghèse. — Adieux à Rome. — Les deux Fantômes.

On nous avait beaucoup vanté la découverte récente de chambres sépulcrales souterraines, à peu de distance de la via Appia nuova, nous voulûmes nous assurer par nous-même de l'importance de cette exhumation. La difficulté était de s'y faire conduire, aucun des cochers auxquels nous nous adressâmes ne connaissant encore cet endroit.

Aujourd'hui nous sommes en mesure de pouvoir renseigner sûrement le lecteur désireux d'entreprendre cette excursion. On sort de Rome par la porte S.-Jean, et après avoir fait deux ou trois kilomètres sur la route d'Albano, on prend à gauche un sentier tracé dans la plaine, çà et là surgissent de terre des ruines de monuments antiques.

Un bâtiment en briques laisse encore voir son entablement de marbre, plus loin se dresse une construction à peu près semblable, précédée d'un portique. Enfin, on arrive à un double escalier souterrain; là se présente un custode médaillé de la plaque pontificale qui introduit le voyageur dans une vaste chambre dont la voûte est revêtue de stucs avec reliefs. Ce sont des compartiments ronds et carrés alternativement, illustrés de sujets mythologiques, de fleurs, de fruits, d'animaux et de charmantes arabesques. Originairement, les parements de murailles étaient, ainsi que le dallage, en marbre blanc. On n'a conservé que le soubassement d'un tombeau, le sarcophage ayant été déposé au musée de S.-Jean-de-Latran.

Les fouilles continues, pratiquées dans des terrains qui appartiennent à la famille Barberini, ont mis à jour plusieurs autres chambres sépulcrales. Mais la plus intéressante est de l'autre côté du sentier, elle contient un tombeau en marbre sur lequel deux personnages sont sculptés en haut relief. Au-dessous se lit cette inscription : *Viviæ severæ uxoris ;* les murs sont couverts de peintures, arabesques et oiseaux, parmi lesquels nous signalons d'énormes canards. Le gardien ne manquera pas d'appeler votre attention sur le puits destiné à l'écoulement des eaux, et pour en faire mesurer la profondeur il y jetera un papier enflammé. Dans la salle contiguë, la voûte est à arêtes vives, les stucages et les peintures sont d'une conservation rare, un tombeau occupe le milieu, l'ouverture qui y est pratiquée, permet d'apercevoir deux crânes à côté l'un de l'autre.

Sans les indications de notre guide, nous n'eussions pas deviné que nous étions à proximité des restes de l'ancienne basilique de S. Etienne, dont les débris sont entourés d'un mur, élevé par le cardinal-vicaire, propriétaire du terrain.

Nous sommes à quelques pas de l'aqueduc de Claude, un peu au-delà, on entrevoit une maisonnette entourée de quelques bouquets d'arbres, on nous affirme que c'est dans ce lieu que le roi Numa avait des rendez-vous nocturnes avec la nymphe Egérie. Quelques antiquaires, divisés sur ce point comme sur bien d'autres, placent ailleurs le théâtre des entretiens mystérieux du souverain avec la femme inspiratrice et sensible, qui fut tellement affectée de la mort de son royal amant, qu'elle verse encore des larmes, grâce à sa métamorphose en fontaine intarissable.

En repassant sur la place devant S.-Jean-de-Latran, nous avons la curiosité d'entrer à la *Scala santa*, que nous trouvons alors délaissée par les fidèles ; le surveillant profitant de cette interruption, se livrait à un sommeil dont nous respectons le calme profond.

Du reste, le thermomètre marquait à cette heure 25 degrés centigrades, le moment était on ne peut plus favorable pour aller respirer l'air pur et chercher la fraîcheur sous les rameaux touffus de la villa Borghèse, située derrière la Porte du Peuple. Le palais, qui renferme une des collections de sculptures les plus réputées de Rome, est entouré d'un parc immense, planté d'ifs, de pins parasols, d'oliviers et autres arbres toujours verts. Sur les terrains accidentés, s'étalent de moëlleux tapis d'émeraudes, rafraîchis par l'onde argentée qui s'échappe d'une multitude de fontaines, de jets d'eau, de cascades. Vous ne résisterez pas plus aux charmes de cette nature ravissante qu'aux jouissances que l'art vous ménage à chaque pas. Ici un portique grec, plus loin un temple égyptien, partout des statues. Les voitures aristocratiques qui parcourent incessamment les allées n'animent pas seules cette promenade que le propriétaire met généreusement à la disposition du public ; dispersés sur les pelouses ombragées, les jeunes écoliers se livrent avec ardeur aux jeux de leur âge et font retentir de leurs joyeuses clameurs les échos de l'hospitalière villa.

La veille de notre départ pour Naples, nous étions sous l'impression de tristesse et de regret qui accompagne les adieux quand on se sépare des personnes ou des lieux aimés. Nous nous étions pris d'attachement pour cette ville étonnante, où chaque pierre vous parle de gloire, d'art et de poésie, et qui semble toujours avoir en réserve quelque séduction nouvelle pour retenir l'étranger prêt à la quitter. Tout ce que nous vîmes dans cette journée avait pris pour nous un caractère sombre et mélancolique, en harmonie avec nos

pensées. C'est en vain que nous allâmes revoir les galeries
de peinture les plus riches, les monuments les plus remarquables, rien ne parvenait à distraire nos préoccupations
chagrines. Nous fûmes mal inspiré d'avoir été chercher des
distractions au palais Farnèse, dont nous comptions visiter les
célèbres galeries peintes par Annibal Carrache. Il fallut s'in-
cliner devant la consigne du concierge, qui avait ordre de
ne laisser pénétrer les étrangers qu'au moment de la promenade quotidienne de l'ex-roi de Naples François II. Nous
dûmes nous contenter de la contemplation de l'architecture
extérieure du palais, ce qui était un pis-aller encore fort ac-
ceptable, puisque nous avions devant nous un des chefs-
d'œuvre de Michel-Ange. Le palais de la Chancellerie, qui
est contigu, ne possède aucune collection de tableaux, et son
architecture ne présente rien qui frappe, mais il offre un intérêt historique d'une importance incontestable. L'assemblée
législative de la République romaine de 1848 y a siégé. L'attention est moins attirée par la belle ordonnance du portique
qui entoure la cour, que par l'escalier sur les marches duquel
fut assassiné le comte Rossi, ministre de Pie IX, au moment
où, sans tenir compte d'avis secrets, il allait entrer dans la
chambre des députés.

Nous étions encore tout ému de ce lugubre souvenir,
lorsqu'au moment où nous traversions la Via-Condotti, nous
aperçûmes postée à l'un des angles de cette rue et de la
place d'Espagne, une sorte de sentinelle immobile. En approchant, nous reconnûmes que c'était un personnage vêtu
d'une espèce de sac en toile grise, serré autour de la taille
par une corde, et coiffé d'un capuchon ou *cagoule* percé de
deux petites ouvertures correspondant aux yeux, les pieds
nus dans de grossières sandales. A notre passage, nous vîmes
une des mains de cette singulière statue agiter une tirelire

qu'il nous présenta sans se déranger d'un pas et sans arti-
culer un seul mot. Bien que pareille aventure nous fût déjà
arrivée à Bologne, nous n'étions pas encore familiarisé avec
ce genre de rencontre et nous nous détournâmes avec un
sentiment d'effroi et de répugnance invincibles. Mais à peine
parvenu sur la place d'Espagne, nous distinguâmes un
second fantôme, affublé du même costume ; seulement,
celui-là était animé, il marchait d'un air dégagé, entrant
dans toutes les maisons, sa tirelire à la main. On nous
assura que sous ce travestissement se cachaient des hommes
fort respectables, appartenant à l'aristocratie, et que ce rôle
de frère quêteur leur était imposé comme pénitence pour
racheter leurs péchés. Quant à nous, sans chercher à examiner le côté plus ou moins digne de ce mode d'expiation,
nous avouons que notre charité se sent plus à l'aise lorsqu'on lui fait appel à visage découvert.

Ces apparitions n'étaient pas de nature à modifier nos dispositions au spleen, et la dernière nuit que nous passâmes à
Rome fut fortement agitée par des rêves remplis de visions
fantastiques. Nous dûmes attribuer à la rancune et à la
vengeance, l'acharnement avec lesquels nous poursuivirent
pendant notre sommeil les deux fantômes de la place d'Espagne, et nous nous promîmes bien pour une autre fois, si
pareille circonstance se représentait, de faire meilleur accueil
aux pénitents à cagoule qui solliciteraient notre aumône.

NAPLES.

XVII.

De Rome à Naples par le chemin de fer. — Les voyageurs considérés comme objets d'exportation. — Le Vésuve et le guide amateur. — Les maîtres d'hôtel antiquaires. — Entre deux parfums. — Pendant l'office. — Toledo. — Le Tunnel de Séjean et les murènes de Lucullus. — La Grotte du Pausilippe. — Un pays de Cocagne.

Nous venions de passer un mois à Rome, nous avions été témoin des magnificences de la mise en scène des cérémonies pascales, et après avoir exploré dans tous les sens la ville Sainte, contemplé ses monuments, observé ses habitants, nous la quittions avec un vif sentiment de regret, qui n'était tempéré que par l'espoir d'y revenir un jour. Dans la matinée du 29 avril, nous nous rendions à la gare des *Termini*, ainsi nommée parce qu'elle est située en face des ruines des thermes de Constantin à qui elle fait d'ailleurs un assez triste vis-à-vis. Là nous retrouvions nos compatriotes avec lesquels nous eûmes la bonne fortune de faire l'excursion de Naples.

· A peine avions-nous dépassé la station de Velletri, petite ville occupée par une garnison française, que nous apercevions des paysans qui traversaient précipitamment la campagne, armés de fusils comme des gens prêts à se défendre en cas de mauvaise rencontre. Cette vue aurait pu nous inspirer quelques inquiétudes, si nous ne nous fussions senti en sûreté dans un confortable wagon hors de portée des brigands, qui n'ont pas encore trouvé de procédé commode pour arrêter les convois de chemin de fer.

La nature devient plus aride et plus tourmentée à mesure qu'on s'éloigne, la configuration des montagnes pressées les unes sur les autres fait comprendre les facilités offertes aux bandits d'échapper aux poursuites des troupes régulières. Au loin, la chaîne neigeuse des Abruzzes ferme l'horizon, d'ici on dirait une immense muraille de glace. Le payage se dépouille peu à peu de son âpreté et de sa stérilité, de distance en distance, des oasis de verdure viennent reposer agréablement les yeux, les villages se rapprochent de plus en plus ; tantôt comme des nids d'aigles ils sont perchés sur la cîme de pics élevés, tantôt ils se cachent dans les replis de collines boisées. On passe à côté de Frosinone, pays encadré de la façon la plus gracieuse et la plus pittoresque ; à la station de Ceprano tous les voyageurs descendent de wagon. Nous sommes à la frontière des Etats pontificaux, on exhibe les passeports : il en coûtera 10 francs à celui qui aura négligé de faire viser le sien à la police romaine. Le système protectioniste est largement pratiqué ici à l'égard du voyageur, qui ne peut quitter le domaine du Pape sans acquitter un droit de sortie, absolument comme un simple objet d'exportation.

A la station d'Isoletta commence le territoire Napolitain ; cette sorte de forteresse qui domine les hauteurs du village de San Germano, c'est l'Abbaye du mont Cassin, si renommée au moyen-âge. Le site qui l'environne est enchanteur, on reconnaît encore là le goût et l'intelligence avec lesquels les moines savaient autrefois choisir le lieu de leurs résidences. Nous avions quelque velléité de visiter ce sanctuaire de l'étude et de la science, mais Naples n'est plus qu'à deux heures et l'impatience d'y arriver l'emporte sur toute autre tentation.

La même considération nous fait éviter Capoue, de classique mémoire : que l'ombre du héros Carthaginois nous le pardonne ! Nous pouvons du moins admirer la merveilleuse fécondité de la campagne et la perfection de la culture ; on y retrouve du reste à peu près la végétation de nos pays. Par exemple, les cultivateurs Campaniens ont une toilette plus négligée que celle des nôtres, une simple chemise d'une blancheur problématique leur sert de vêtement et c'est avec ce costume primitif qu'ils bravent le soleil et la chaleur.

Au delà de Caserte, on entrevoit une montagne du sommet de laquelle s'échappe une imperceptible fumée, c'est le Vésuve, dont la vue est saluée par les acclamations enthousiastes de nos compagnons.

Le convoi court à travers de vastes et plantureux jardins maraîchers et s'arrête à la gare de Naples sans que nous ayons pu apercevoir la ville. La visite des douaniers est très-sommaire, mais les cochers moins accomodants et moins expéditifs, se livrent entr'eux une véritable bataille pour avoir l'honneur de transporter nos personnes et nos bagages. Enfin, sans que nous ayons eu le temps de nous reconnaître, nous nous sentons emporter par un véhicule qui franchit avec une célérité vertigineuse la distance du débarcadère à l'hôtel Washington. La rapidité de cette course ne nous a pas empêché de remarquer la gaîté et la vivacité turbulentes de la populace qui grouille sur les quais et dans les rues, en se livrant à une gesticulation désordonnée. C'est un commencement d'initiation à la vie napolitaine.

A Rome, c'est Saint-Pierre qui en général sollicite la première visite de l'étranger ; à Naples, le nouveau débarqué songe de suite à présenter ses hommages au seigneur Vésuve. Un parisien que nous avions rencontré à Rome et qui nous avait précédé de quelques jours à l'hôtel, s'offre après dîner de nous conduire à l'endroit le plus favorable pour contempler l'illustre volcan. Il faisait entièrement nuit, quand, après d'assez longs détours, nous arrivâmes sur une espèce de plate-forme fermée du côté de la campagne par une balustrade de pierre. Regardez cette lumière nous dit le cicerone officieux en nous montrant à peu de distance une clarté intermittente d'un rouge éblouissant, c'est celle du Vésuve. Nos yeux se dirigent et se concentrent sur le point indiqué. Cependant, après quelques minutes d'attention soutenue, un soupçon vint à l'esprit de l'un de nos compagnons qui, plus perspicace, ayant remarqué dans le lointain une lueur d'un éclat moins vif que la première, exprima un doute bientôt éclairci. Il fut établi à la grande confusion de notre guide amateur, qui eut beaucoup de peine à se rendre à l'évidence, que la flamme du prétendu Vésuve signalé par lui n'était autre que celle d'un phare placé à l'entrée du port. Nous résolûmes de n'user désormais qu'avec circonspection des services de M. X... dont le début avec nous n'avait pas été heureux. Ce fut la première et l'unique fois que nous eûmes occasion d'apercevoir, pendant notre séjour à Naples, le volcan orné de son panache flamboyant. Nous pûmes constater que ce qui passe pour un effet habituel ne se produit qu'exceptionnellement et que le géant allume son fanal seulement dans les circonstances solennelles.

Le lendemain, à notre réveil, un grand désappointement nous attendait, ce beau ciel de Naples que notre imagination nous avait toujours représenté d'un bleu foncé et inaltérable, était chargé de gros nuages qui rampaient lourdement dans l'espace et laissaient tomber de temps en temps de larges gouttes de pluie. Mais ce n'était heureusement qu'une menace, après une demi-heure de combat, le soleil victorieux reprenait possession de son empire, au centre de sa coupole d'azur.

En passant l'inspection de notre chambre, nous la trouvons

décorée de tableaux, de sculptures, de meubles précieux dont le choix témoigne du goût distingué du propriétaire. Cette découverte nous rappela notre séjour à Venise et à Florence, dont certains hôtels sont autant de petits musées ; les appartements et les couloirs renferment des collections fort intéressantes d'objets d'art et de curiosité. Cet ameublement est bien différent, vous en conviendrez, de celui qu'on est habitué à rencontrer dans nos *garnis* français et même dans les hôtels de Paris les plus somptueux ; c'est là une des manifestations les plus originales de ce peuple italien, si éminemment artiste. Le sol est carrelé avec des faïences émaillées d'un charmant coloris, les fenêtres donnent sur une terrasse ornée de fleurs contenues dans des vases de terre cuite, d'une forme pure et élégante.

Aux pieds de la terrasse, s'étend un jardin planté de fleurs et d'arbres exotiques parmi lesquels on distingue des cactus armés de lances formidables, à côté de gracieux et flexibles palmiers ; les orangers et les acacias nous envoient leurs senteurs embaumées, malheureusement le jardin n'est séparé que par un mur peu élevé de la cour d'une caserne de cavalerie, et les exhalaisons des fumiers se marient d'une façon fâcheuse pour l'odorat aux parfums des acacias. Mais on a l'agrément d'assister aux exercices fréquents des recrues italiennes et pour peu que l'on aime la trompette on éprouve des jouissances multipliées. La caserne et le jardin sont dominés d'un côté par de hautes constructions ; aux étages supérieurs on voit suspendues et séchant aux fenêtres des étoffes bariolées de toutes sortes de couleurs, dont l'effet est très-pittoresque.

La façade de l'hôtel se trouve vis-à-vis de la grille du jardin de la *Villa reale*, dont on aperçoit les allées ombragées par l'épaisse voûte d'un feuillage toujours vert ; d'un côté, les promeneurs voient se dérouler à leurs pieds les volutes

azurées de la mer, de l'autre, leurs yeux sont récrées par les
constructions badigeonnées en vert tendre, en rose, en jaune
saumon, qui bordent la rue ou plutôt le quai de Chiaja. Au
dernier plan, comme une sentinelle avancée qui garde l'entrée
du golfe, l'île rocheuse de Capri dessine ses contours sévères
et montre ses pics décharnés noyés dans une vapeur bleuâtre.

A peine avons-nous fait quelques pas dehors, que des jeunes
filles viennent à notre rencontre nous offrir à l'envi des
bouquets de fleurs d'orangers ; avec quelques centimes nous
aurions pu nous en procurer de quoi tresser des couronnes à
plusieurs mariées. Mais dans ce moment nous serions plus
sensible au fumet de quelque mets succulent qu'aux parfums
les plus balsamiques.

En montant la Strada *Santa-Caterina*, nous avisons un café
qui portait cette enseigne : *Café de l'Italie méridionale.* Sur
un transparent était représentée l'Italie secouant ses chaînes,
personnifiée par une femme puissante, vêtue d'une robe aux
trois couleurs nationales. Nous nous empressons de rendre
hommage au sentiment patriotique qui a inspiré cette enseigne,
et nous constatons surtout avec plaisir que la nourriture de
l'établissement est excellente et d'un prix fort modéré. Nous
manquerions de justice en oubliant de mentionner spécialement
un certain vin blanc de Capri très-estimé et à la hauteur de sa
réputation.

Le mouvement de la rue est incessant, les trottoirs sont
encombrés de piétons, sur la chaussée les voitures se croisent
dans tous les sens et s'évitent avec une adresse surprenante,
les cochers s'apostrophent et se disent avec une réciprocité
touchante les plus grossières injures. Nous trouvons le moyen
d'échapper à ce tohu-bohu en profitant de l'hospitalité que
nous offre une église voisine dont nous ignorons le nom. Elle
n'est d'ailleurs remarquable que par le mauvais goût de sa

décoration intérieure. On y a prodigué les fleurs et les dorures de papier, l'architecture est d'un style hybride qui n'appartient à aucune époque. Le dallage est formé de carreaux de faïence vernissée, on le retrouve du reste dans plusieurs édifices publics et dans la plupart des maisons particulières de Naples. L'origine de ce mode de carrelage doit remonter selon nous à l'occupation du royaume des Deux-Siciles par les Espagnols. Le bruit strident des éventails qui s'agitent dans les mains des fidèles nous ramène encore sous le beau ciel de l'Ibérie. Pendant la célébration de l'office, un religieux dominicain traversant la nef, est salué et arrêté par un des assistants qui lui baise la main avec effusion sans que personne autre que nous en soit surpris.

Après avoir consigné ce détail insolite, nous nous transportons sur la grande place du palais, *largo di palazzo*. En face des bâtiments insignifiants du palais royal s'élève une église, c'est S. François, dont la forme rappelle celle du Panthéon d'Agrippa, à Rome. Nous ne jetons qu'un coup-d'œil sur ce pastiche architectural et, pénétrant à l'intérieur, nous sommes moins choqué du caractère profane des chants qui partent d'une tribune voisine de l'orgue, que de la médiocrité de l'exécution. Notons que nous sommes dans la ville par excellence du dilettantisme musical.

Sur la place du palais, aboutit la célèbre rue de Toledo, elle mesure plus d'un kilomètre de long, c'est une des plus fréquentées et des plus curieuses de Naples ; sa physionomie habituelle peut être comparée à celle du boulevard Parisien le mardi gras et le premier jour de l'an. Toutefois, à l'agglomération énorme de la foule qui rend la circulation fort difficile, il faut ajouter ici, la turbulence et la vivacité méridionales particulières aux Napolitains. Toutes les rues adjacentes situées du côté opposé à la mer se présentent sous l'aspect le plus bizarre, quelques-unes sont autant d'escaliers. Elles suivent les pentes des collines élevées dont le point culminant est couronné par le fort St-Elme. Nous arrivons bientôt au *Musée Royal* dont nous parcourons à la hâte quelques salles contenant les mosaïques et les fresques de Pompéi; en l'honneur du dimanche les portes devaient fermer à une heure.

Le mieux que nous puissions faire pour parer à ce contre-temps, c'est de céder aux sollicitations des nombreux cochers stationnés sur la place. Nous en arrêtons un qui s'engage à nous conduire à la grotte de Séjean, en longeant les hauteurs du Pausilippe, pour rentrer à Naples par la vallée. Malheureusement, nous reconnûmes de suite qu'il fallait renoncer à obtenir le moindre renseignement de notre jeune automédon, qui ne parlait qu'un patois napolitain incompréhensible. Nos yeux sont moins frappés de la malpropreté des quartiers traversés que de la multiplicité des cornes de toutes dimensions qu'on voit suspendues dans les boutiques. Nous n'entrerons pas dans d'autres détails ici, ayant déjà parlé ailleurs de cet appendice regardé comme un symbole préservatif du mauvais sort à Rome et à Naples, et qui en France a une signification toute différente.

Le sommet du Pausilippe, que nous atteignons péniblement, forme un promontoire qui s'avance dans la mer; il est semé de villas aristocratiques admirablement exposées pour jouir des aspects ravissants du golfe. Après avoir descendu une rampe en pente douce, la voiture s'arrête devant une ouverture cintrée fermée par une grille. A la lueur vacillante d'une torche de résine dont se munit le gardien, nous nous enfonçons dans la grotte dite de Séjeau, sorte de tunnel creusé sous la colline du Pausilippe. Les voûtes sont soutenues par des arcades d'une maçonnerie moderne, quelques restes de parements antiques sont encore reconnaissables. L'extrémité de la grotte aboutit à un jardin d'où l'on découvre une vue splendide sur les îles de Nisita et de Procida. A quelques pas de nous, on nous montre les gradins d'un théâtre antique, à côté, les débris de la maison de Lucullus. Le custode ne manque pas d'indiquer l'emplacement du fameux vivier où les murènes étaient engraissées de sang humain. Le cardinal vicaire de Rome, à qui appartient ce terrain, n'ayant pas d'esclaves à sa disposition pour alimenter ces intéressants animaux aquatiques, a dû renoncer à ce genre de comestible; le vivier est entièrement comblé et une végétation épaisse le recouvre aujourd'hui.

Nous rentrons à Naples par la grotte du Pausilippe, souterrain pratiqué dans le tuf volcanique et qui met en communication la ville de Naples avec la route de Pouzzoles. Elle se distingue de celle de Séjean par l'absence complète de maçonnerie et par son irrégularité. Les quarante-deux becs de gaz qui éclairent le souterrain sont insuffisants, la circulation des voitures et des piétons est considérable, mille bruits confus remplissent ces voûtes sonores. On supporterait encore sans trop se plaindre ce vacarme étourdissant, même quand il est compliqué par celui des tambours d'un régiment qui débouche en ce moment, mais il est plus difficile de s'accoutumer à l'odeur infecte qu'exhalent les matières fécales laissées par les animaux après leur passage continu. Ces immondices n'étant jamais nettoyées, constituent un fumier permanent tassé par les piétons et les équipages. Nous retiendrons d'autant moins le lecteur au milieu de ce foyer pestilentiel que la *Villa reale* est à deux pas. Il pourra, tout en aspirant les brises salutaires de la mer et les parfums des orangers, entendre une délicieuse musique de hussards Piémontais ; il verra en même temps défiler sous ses yeux une grande partie de l'aristocratie napolitaine. A chaque instant, la promenade est sillonnée de bandes de collégiens revêtus d'un uniforme militaire complet, sans même en excepter le sabre au côté. C'est la contre-partie des écoliers de Rome, qui tous sont assujétis à porter la soutane. « C'est sur cette transformation, « dit Taine, et sur l'accroissement de l'instruction publique « que le gouvernement italien fonde ses meilleures espé- « rances. »

Le charme de la musique et la grâce piquante des Napoli-taines, ne nous empêchent pas d'admirer le magnifique effet de lumière qui attire notre attention du côté de la mer. Tandis qu'au-dessus de nous se balancent lourdement des nuages noirs et épais, les rayons les plus étincelants du soleil s'épanouissent sur le rivage, où semblent dormir les blanches et coquettes maisons de Portici, de Torre del greco et Annun-ziata. Sous ces flots de pourpre et d'or, s'abrite Pompéi dont le nom éveille chez le voyageur tout un monde de sensations. C'est demain que nous irons saluer la ville merveilleuse, ressuscitée miraculeusement après avoir été ensevelie pendant dix-huit siècles.

En attendant nous allons faire connaissance avec un des restaurants les mieux hantés de *Toledo*. C'est la *citta di Pariggi*, la ville de Paris. Malgré cette enseigne, la cuisine est complétement italienne, les mets à en juger par l'immense carte, *lista*, qu'on développe devant nous, sont fort variés. Prix extrêmement modéré, excellente qualité des aliments : voilà la meilleure recommandation que nous puissions donner en faveur de *la citta di Pariggi*.

Si vous entrez dans un café de cette même rue, qui est le *corso* de Naples, et que vous demandiez une glace, chose assez naturelle au mois de mai, vous serez stupéfié de l'énormité de celle qui vous sera servie. Elle pourrait presque suffire à désaltérer une demi-douzaine de gosiers desséchés. Et cela pour un prix excessivement minime. Encore un peu et nous serons tout à fait convaincu que Naples est le véritable *pays de Cocagne* qui, jusqu'alors, ne nous était apparu qu'à l'état de mythe poétique.

XVIII.

Les quais de Santa Lucia. — Les écrivains publics. — Le chemin de fer de Pompéi. — Un tourniquet à Pompéi! — Les rues, les maisons et les boutiques. — La voie des tombeaux. — Herculanum. — Les corricoli.

Avant de partir pour Pompéi, nous nous livrons à une amusante et intéressante flânerie sur les quais de Santa Lucia, les plus animés de Naples. Ils sont occupés par une quantité de marchands et de marchandes de poissons et de coquillages de toutes sortes, nous recevons les invitations les plus pressantes pour examiner et même déguster la marchandise. La volubilité et le pittoresque du langage déployés ici par les vendeuses de marée, feraient certainement envie à nos dames de la halle, dont on connaît le goût pour le style imagé. Notre course à l'aventure, nous mène devant la façade assez peu caractérisée du théâtre S.-Carlo. Le nombre des écrivains publics qui s'abritent sous les portiques du théâtre, ne dénote que trop l'état arriéré de l'instruction dans ce pays.

Leur mobilier, en rapport avec leur costume, est des plus modestes, il se compose de deux ou trois chaises et d'une table recouverte d'un tapis vert, râpé, et sur lequel sont disposés les instruments nécessaires à l'exercice de leur profession. A chaque minute, arrivent des artisans, des ouvrières, qui viennent se faire lire ou écrire leur correspondance. Que de secrets amoureux doit posséder ce vieillard qui, un sourire sur les lèvres, reçoit les confidences de cette jolie brune aux yeux pudiquement baissés. A côté, voyez debout ces individus si attentifs, ce sont les amateurs de politique qui écoutent avec recueillement la lecture des journaux.

Mais cet agréable passe-temps ne nous fait pas oublier que le train de Pompéi part à dix heures. Nous prenons nos billets avec une impatience fébrile. Sur la route parcourue par le chemin de fer, l'attention est toujours distraite, la *via ferrata* longe presque constamment la mer, les talus sont garnis de petites plantes grasses dont les fleurs, sortes de marguerites à larges corolles et à pétales violets, forment une délicieuse tapisserie. Çà et là, surgissent du creux des rochers, d'énormes raquettes à la chair épaisse couverte de rugosités. Nous laissons derrière nous un petit port dans lequel travaillent avec plus ou moins d'ardeur des galériens aux bonnets et aux vestes rouges. La locomotive en avançant fait découvrir un amphithéâtre de montagnes ondulées dont les teintes d'un vert tendre ont une douceur extrême. La mer semble par place rouler des flammes liquides, quand le soleil y fait ruisseler ses rayons empourprés. On passe devant les villages de Torre del greco et Torre d'Annunziata, dont les maisons carrées ont pour toiture des espèces de petits dômes aplatis au milieu, et revêtus d'un crépis grisâtre qui leur donne un singulier aspect. La campagne porte les traces d'une grande fertilité, elle est parsemée de maisons de plaisance.

Une foule de voyageurs descend à la station de Pompéi et se répand dans une allée qui aboutit à une construction moderne où se lit cette inscription : *Restaurant de Dioméde.* Prévenu que l'hospitalité de Dioméde était médiocre et fort coûteuse, nous avions pris nos précautions à l'avance contre l'exploitation de l'aubergiste qui s'est paré d'un nom illustre pour donner sans doute plus de saveur à ses bifteks.

On monte plusieurs marches, et après quelques pas dans un chemin creusé entre deux talus constellés de fleurs, un tourniquet vous barre tout-à-coup le passage. Nos deux francs glissent dans la bouche de métal. Qui se serait attendu à ce raffinement de civilisation moderne ? Sommes-nous à Paris ou à Pompéi ? Notre incertitude disparaît à la vue de la porte d'Herculanum, par laquelle nous faisons notre entrée dans la ville cimetière. Nous venions de franchir dix-huit siècles !

Un gardien en uniforme militaire se détache pour accompagner chaque groupe de visiteurs ; des chaises à porteurs sont mises à la disposition des dames qui redoutent la fatigue.

Nous consacrons quatre heures à explorer les rues désertes de la curieuse nécropole, qui comptait environ trente mille âmes et dont le tiers seulement est exhumé. Les travaux de déblaiement longtemps négligés se poursuivent sous le gouvernement du roi V. Emmanuel avec une activité et une intelligence des plus louables. Maintenant, le lecteur comprendra l'impossibilité où nous sommes de donner beaucoup de détails sur une cité à la description de laquelle le savant Mazois a consacré 4 vol. gr. in-folio, encore cet auteur s'est-il arrêté à l'année 1821. Quelques généralités sur cet intéressant sujet, et notre but sera atteint.

Étrange perspective que celle de ces rues au pavé couleur d'ardoise, bordées de maisons étroites, basses et veuves de leurs toitures écrasées sous le poids de la cendre volcanique amoncelée. Qu'on se représente une ville incendiée de la veille et abandonnée en masse par ses habitants. Remarquez ces laves ovales en saillie au milieu de la chaussée, elles sont au niveau des trottoirs. Les roues des chars passaient entre elles, et les piétons pouvaient aller d'un trottoir à l'autre sans avoir le désagrément de se mouiller les pieds les jours de pluie.

La circulation énorme des voitures sur nos voies publiques rendraient impraticable aujourd'hui l'application de ce système dont l'emploi serait pourtant d'un grand avantage en ce temps de *macadam*.

A l'extérieur des maisons alignées au cordeau, dont vous pouvez lire les numéros marqués en rouge, existent encore les inscriptions de même couleur qui ont été relevées et commentées par les érudits, elles sont inappréciables au point de vue de l'étude de la vie publique et privée des anciens.

A l'intérieur, les murailles sont généralement décorées de fresques assez bien conservées; par exemple, la décence n'a pas toujours présidé à l'exécution des sujets mythologiques qui abondent. Le Forum, les temples, les théâtres et autres édifices publics ne nous retiendront pas longtemps, ce sont des amas de fûts de colonnes, de piédestaux, de bases, de statues, de briques stuquées, de pierres; débris informes qui n'offrent d'intérêt réel que quand l'imagination, aidée de la science, parvient à rassembler ces éléments en désordre et à en reconstituer l'ensemble. L'examen des salles des thermes satisfait davantage la curiosité du visiteur qui peut encore en admirer le luxe décoratif.

Mais les boutiques présentent un attrait tout particulier; les objets usuels et artistiques, les inscriptions, les enseignes et les peintures qu'on y a retrouvés, les ont fait reconnaître pour avoir été occupées : celle-ci par un barbier, cette autre par un potier ou un marbrier, à côté habitait un pharmacien, plus loin un parfumeur. Les meules à bras, le four, les gâteaux et les petits pains découverts récemment, ne laissent aucun doute sur l'industrie exercée dans cette habitation, il n'y manque que le boulanger. Nous avons vu, à Naples, ces gâteaux cuits il y a dix-huit cents ans et n'était leur couleur noire, nous les déclarerions encore appétissants.

Les maisons aristocratiques du Poète, de Lucretius, de Diomède, de Pansa, sont curieuses à différents titres. Pourquoi, au lieu de transporter le mobilier au musée de Naples, ne l'avoir pas laissé à la place qu'il occupait ? Combien cette restitution ajouterait à l'illusion ! Par exemple, nous tairons discrètement le numéro de cette maison dont l'enseigne révèle par trop brutalement le genre de commerce qui s'y pratiquait. L'accès en est interdit aux femmes ; on reconnaît surtout la sagesse de cette mesure, quand on examine les peintures qui ornent ce temple de la luxure.

Les pensées deviennent plus graves sans pourtant s'assombrir, quand on pénètre dans la rue des Tombeaux, par laquelle le pélerinage de Pompéi se termine ordinairement. Les mausolées dont la voie sépulcrale est bordée, détachent leur blancheur marmoréenne sur la verdure qui les entoure. Les sculptures restées presqu'intactes dont ils sont décorés se font distinguer par une élégance et un goût irréprochables.

Une voiture nous attend devant l'auberge de Diomède ; malgré un orage foudroyant qui nous oblige à faire halte à Torre del greco, nous gagnons Herculanum avant la nuit. Mais ici, plus de promenade à ciel ouvert, la lave a tout envahi, tout enseveli. Un guide, muni d'une torche de résine, nous fait traverser des couloirs souterrains, semblables aux galeries d'une mine de charbon de terre. Il nous indique les emplacements où furent trouvées des statues et certains vestiges qui devaient appartenir au théâtre. Nous écoutons avec déférence les explications du *cicerone*, mais l'humidité, l'obscurité et l'absence d'air nous forcent à abréger cette visite.

Celle des maisons dites d'Argus et d'Aristide, situées en

contre-bas du village de Résina, se fait au grand jour. Comme à Pompéi, les maisons dépourvues de toitures ont conservé des restes assez importants de fresques antiques. C'est dans l'une d'elles que fut recueillie la précieuse collection de papyrus exposée au musée napolitain.

Nous regagnons notre quartier général, en suivant cet immense faubourg de Naples qui s'appelle Torre del greco, Résina, Portici. L'animation est plus vive et plus bruyante à mesure que l'on approche; une quantité de ces singulières voitures nommées *corricoli* circulent avec une rapidité et une impétuosité effrayantes. Tout le monde a lu la description de ce véhicule dont Al. Dumas a fait le titre d'un de ses romans les plus populaires. Nous la reproduisons ici, nous ne saurions en donner une plus concise et plus exacte : « Le corricolo « est une espèce de tilbury primitivement destiné à contenir « une personne et à être attelé d'un cheval; on l'attèle de « deux chevaux et il charrie de douze à quinze personnes. »

XIX.

Départ de Naples pour Salerne. — L'hôtel Victoria. — L'Anglais et les Serpents. — Avis aux Voyageurs. — Route de Pœstum. — Rencontre de brigands. — Jovialité de Milord. — Les Temples et les Roses de Pœstum. — Sauvés! — L'Ecole de Salerne. — Les Lucioles.

Dans l'après-midi du 2 mai, au moment où harrassé de fatigue, accablé de chaleur, nous rentrions à l'hôtel avec l'intention de nous livrer aux douceurs d'une sieste réparatrice, nous trouvâmes nos compatriotes qui attendaient notre retour pour nous faire une importante communication. Il s'agissait de s'absenter de Naples pendant cinq ou six jours qui seraient consacrés à visiter en commun Salerne, Pœstum, Amalfi et Sorrente. Cette proposition était trop séduisante pour rencontrer de notre part la moindre hésitation. Aussi, moins d'une heure après, les préparatifs de départ étaient terminés et *la strada ferrata* du midi emportait à toute vapeur la caravane provinoise dans la direction de Salerne. Le chemin de fer traverse une campagne des plus fertiles et des plus pittoresques, surtout dans le voisinage de la Cava, qu'on dirait un coin détaché de la Suisse et qui se glorifie d'avoir été surnommé par les artistes, le paradis des paysagistes. A la station de Vietri, nous prenons place dans un omnibus qui, après avoir descendu une rampe taillée en pente douce, s'arrête à Salerne devant l'hôtel Victoria, au moment où les derniers feux du soleil couchant s'éteignaient dans les profondeurs du golfe Salernitain.

L'hôtel Victoria, situé sur la plage, à l'entrée de la ville, est très-fréquenté des étrangers et particulièrement des Anglais, préférence justifiée par son intérieur confortable et par l'agrément de sa position. Malgré ces avantages, l'hôtel était alors presque désert ; la suite de ce récit expliquera les causes de cet abandon.

A la table d'hôte du soir, deux Anglais, le frère et la sœur, vinrent se placer à côté de nous, la conversation ne tarda pas à s'engager entre les convives des deux nations et roula principalement sur les ruines de Pœstum, que nous avions le projet de visiter le lendemain.

Il ne fallait pas se dissimuler que cette intéressante excursion, à laquelle les insulaires proposèrent de se joindre, présentait quelques dangers assez sérieux pour décourager de simples touristes et surtout les dames qui devaient faire partie de l'expédition. Outre les brigands que l'on était exposé à rencontrer sur la route, il y avait encore à tenir compte des serpents qui infestent le voisinage des temples. L'existence de ces animaux venimeux, signalée par un des convives, rencontra une incrédulité complète chez l'enfant d'Albion ; selon lui, il était inutile de se préoccuper de ces fantastiques reptiles, imaginés sans doute par les voyageurs pour donner plus de couleur et *de piquant* à leurs impressions. Il soutint longtemps cette thèse, puis nous vîmes tout-à-coup son visage barbu, jusqu'alors impassible, se contracter d'un malicieux sourire : garçon, s'écria-t-il, en s'adressant à un domestique, grand brun efflanqué qui nous servait à table, garçon apportez à môa des serpents, beaucoup de serpents et tout de suite ! La figure naturellement pâle de l'Italien devint blême, on aurait cru qu'il venait d'être mordu par un des redoutables reptiles. Il répondit en tremblant que la blessure des serpents de Pœstum étant mortelle, il ne tenait nullement à se charger de cette commission et que milord pouvait en aller chercher si cela lui faisait plaisir. L'effroi et l'indignation peints sur la physionomie du garçon, prouvaient que la plaisanterie lui semblait de fort mauvais goût. Mais l'attitude de ce malheureux, loin de désarmer le facétieux anglais ne fit que redoubler sa verve caustique. Prévoyant l'instant où les deux parties allaient en venir aux mains, nous dûmes interposer notre médiation pour faire cesser cette scène qui menaçait de tourner au tragique.

Si malgré le scepticisme de milord nous n'étions pas très-rassurés sur l'innocuité des serpents, devions-nous l'être davantage à l'égard des brigands, même après la lecture de l'affiche suivante, placardée dans la salle à manger, et dont nous donnons le texte intégral :

AVIS.

HOTEL VICTORIA, A SALERNE.

« Le soussigné avertit MM. les voyageurs et les étrangers en particulier qui craignant les malveillants s'abstiennent peut-être de visiter les monuments de Pœstum, que la rue (sic) depuis Salerne audit lieu de Pœstum offre la plus grande sûreté, d'autant plus que maintenant, grâce à la présence de M. le lieutenant-général Avenato, commandant la division militaire, il s'est fixé des détachements de troupes sur les différents points de la rue, c'est-à-dire à Battipaglia, Barisa et Pœstum. Quant à la route d'Amalfi, elle est complétement sûre.

V. Najo, propriétaire de l'auberge Victoria, à Pœstum. »

Confiants dans la présence du commandant Avenato, nous nous décidâmes à retenir deux voitures qui seraient à notre disposition le lendemain à six heures du matin. En attendant le départ, nous parcourons rapidement les rues de la ville basse, où nous observons que les rez-de-chaussée des maisons n'ont d'autre ouverture que la porte d'entrée, de sorte que nous pourrions, si nous étions moins discrets, assister à la toilette matinale des indigènes, qui couchés dans cette partie de l'habitation, ne reçoivent le jour qu'en laissant la porte ouverte. On remarque au milieu du corso Garibaldi, qui forme quai sur la mer, une statue en marbre blanc dont l'attitude est tout à fait martiale : une inscription nous apprend que cette statue a été élevée par les habitants de Salerne à la mémoire du patriote Pizzaccone, ami de Garibaldi, mort pour la liberté en 1857.

Nous réservons pour notre retour la visite de la ville haute ; les calèches sont prêtes à recevoir les douze personnes qui composent l'effectif de la caravane, y compris les Anglais et les cochers. Pendant quelque temps, le chemin est bordé des deux côtés par les murs de clôture de jardins plantés d'orangers et de citronniers qui saturent l'atmosphère de leurs doux parfums. Puis on marche entre la mer et les montagnes, le sol est riche et propre à la culture du coton, qui y réussit parfaitement. Bientôt la plaine devient marécageuse, au milieu des flaques d'eau qui s'étendent de toutes parts, on aperçoit de nombreux troupeaux de buffles sauvages qui courent en liberté. L'horizon est limité par la chaîne des monts Abruzzes dont les crètes argentées se détachent sur le bleu cru du ciel.

Le peu de gens que nous rencontrons portent la carabine sous le bras : sont-ils armés pour la défense ou pour l'attaque? c'est une question délicate que nous ne cherchons pas pour le moment à approfondir. De temps à autre, circulent des détachements de militaires à cheval, ils sont silencieux et ne semblent nullement se livrer à une promenade d'agrément. Ce sont sans doute les patrouilles annoncées par le maître de l'hôtel Victoria; il règne dans l'air une vague anxiété que chacun ressent et n'ose trop manifester.

Tout-à-coup nous nous croisons avec deux charettes où sont entassés pêle-mêle une vingtaine de misérables solidement attachés par des cordes et escortés d'un fort piquet de gendarmes. Leurs figures patibulaires sont atroces, aucun de ces individus déguenillés ne nous paraît répondre au signalement de Fra Diavolo, ce héros du brigandage que l'opéra-comique nous présente comme un type accompli d'élégance et de courtoisie. Quoique rendus incapables de nuire, ces coquins nous regardent avec un air de convoitise féroce qui n'a rien de rassurant. Il faut avouer, sans vouloir y mettre trop d'amour-propre, que la capture de nos personnes eut été pour ces bandits un assez joli coup de filet.

Arrêtés la nuit précédente dans les montagnes voisines, on les conduisait dans les prisons de Salerne, d'où ils ne devaient sortir que pour être fusillés.

A quelques pas plus loin, la rivière le *Sèle*, le *Silarius des anciens*, phrase stéréotypée dans tous les guides du voyageur, nous barre le passage. En attendant que le pont en construction soit achevé, on est obligé de traverser l'eau au moyen d'un bac, ce qui occasionne un assez long retard. Un poste de gendarmes est établi sur les deux rives. A partir de cet endroit, le paysage revêt un caractère de sauvagerie et de tristesse qui serre le cœur; la vue des rares campagnards qui passent armés n'est pas de nature à diminuer cette pénible impression.

Enfin, nous commençons à entrevoir dans un lointain vaporeux la masse confuse des temples de Pœstum, dont les nombreuses colonnes se dressent immobiles aux bords de la mer. A cette distance, on croirait avoir devant soi les mâts d'un colossal navire échoué sur le rivage solitaire. Les équipages ne tardent pas à s'arrêter vis-à-vis des temples, à la porte d'un bâtiment isolé, de l'aspect le plus vulgaire. C'est une espèce d'auberge que les circonstances avaient transformée en poste de gendarmerie. La porte cintrée donne accès à une vaste salle sombre et enfumée ; à la lueur des flammes qui pétillent dans l'âtre de la cheminée, nous distinguons blotti dans un coin un individu encore jeune, aux yeux hagards, au teint bistré, et paraissant complètement étranger à tout ce qui se passe autour de lui. Notre imagination un peu troublée avait fait de suite de ce paysan un dangereux bandit gardé à vue par les soldats. Personne de nous n'osait l'approcher, mais nous fûmes bien vite désabusés et il résulta de l'enquête à laquelle nous nous livrâmes que ce prétendu brigand n'avait la conscience chargée d'aucun forfait. C'était un pauvre montagnard miné par la fièvre et qui hors d'état de continuer sa route avait trouvé l'hospitalité dans l'auberge.

« Ventre affamé n'a point d'oreilles » dit un proverbe aussi juste que trivial, nous inclinons à penser dans ce moment qu'il est également dépourvu d'yeux, même quand il s'agit de contempler les antiquités de Pœstum, dont nous ne sommes qu'à deux pas.

L'unique table de l'établissement était occupée par les gendarmes, qui la mirent obligeamment et de suite à notre disposition ; ils nous aidèrent même à la transporter dehors. Notre prévoyant maître-d'hôtel, connaissant les difficultés de se procurer des vivres dans ce pays dénué de toutes ressources, avait chargé les coffres des voitures de provisions dont la qualité ne laissait rien à désirer. Il n'avait eu garde d'oublier d'y joindre plusieurs bouteilles d'une eau fraîche et limpide, précaution indispensable, celle de Pœstum n'étant pas potable. La verve et l'humour britanniques déployées par milord contribuèrent à égayer ce repas en plein air. Notre

loustic compagnon nous prouva qu'il avait fait plus d'honneur
au vin qu'à l'eau de l'hôtel Victoria, et que l'absence complète
du dernier liquide eut été pour lui une légère privation. A
juger la contenance froide et pudique de milady, il était facile
de voir qu'elle goûtait médiocrement les saillies de son frère,
dont elle ne partageait nullement l'incrédulité à l'égard des
serpents et des bandits.

Le déjeuner se termina par plusieurs toasts à la brave
gendarmerie royale et à la prospérité du roi Victor-Emmanuel.
Après un cordial échange de poignées de main avec ces
excellents militaires, auxquels MM. les brigands laissent peu
de loisirs, nous nous acheminons du côté des temples, suivis
par quelques indigènes qui nous offrent d'acheter des médailles
et des vases trouvés dans le sol antique.

Les temples de Pœstum, seul vestige existant de l'ancienne
et importante colonie fondée par les Sybarites, sont au nombre
de trois. Celui de Neptune est le plus vaste et le mieux
conservé. Nous nous plaçons au centre de ce monument, et
nous nous groupons de façon à ne rien perdre de la lecture
que l'un de nous veut bien faire d'un article consacré à la
description des temples. L'auditoire se montre d'autant plus
attentif et plus recueilli, qu'il peut vérifier pour ainsi dire
pièces en main, l'exactitude des détails. Nous ferons grâce de
cette description au lecteur qui, ne jouissant pas du même
avantage, nous saurait peu de gré de l'entretenir d'architraves,
d'entablements, de frises, de tailloirs, de métopes et autres
termes techniques chers aux archéologues. D'ailleurs, les
photographies, les dessins, les peintures ont reproduit maintes
fois ces précieux édifices grecs, qui passent pour être les plus
beaux après ceux d'Athènes. Ces colonnes majestueuses, sur
lesquelles le soleil répand ses rayons les plus brûlants depuis
plus de deux mille ans, ont revêtu une teinte chaude d'un

9

brun doré qui ajoute encore à la beauté de leur aspect. Quel
sublime fond de tableau que cette mer ondulée qui déroule ses
horizons infinis à travers les entre-colonnements des portiques !
Comme tant d'autres visiteurs, nous nous serions volontiers
livré à des réflexions rétrospectives et à des considérations
artistiques sur ces ruines imposantes ; nous eussions aimé
à invoquer le passé de cette ville si florissante alors qu'elle
s'appelait Possidonia. Mais il importe de ne pas prolonger
davantage cette visite, nos pieds foulent une herbe perfide et
comme si la situation n'était pas assez critique, on nous
raconte l'histoire émouvante d'une jeune femme arrêtée la
veille à quelques pas des ruines et assassinée par les brigands
qui l'avaient emmenée dans la montagne (1).

Décidément ce pays est malsain, les serpents, la fièvre, les

---

(1) A notre retour en France nous trouvâmes les détails suivants que nous
extrayons de la correspondance italienne du journal le *Temps*, du mois
de mai 1865, quelques jours après notre visite à Pœstum :

« Un mot sur les deux Anglais arrêtés par les brigands de la bande de
Ciardullo sur la route de Pœstum. Les brigands croyaient arrêter, à ce que
l'on raconte, M. Sydney Herbert ou quelqu'autre de la famille Pembroke,
qui leur avait été signalé de Naples comme se rendant aux ruines. Ils n'ont
arrêté que deux amateurs de photographie qui ne sont ni mylords ni mil-
lionnaires. Les femmes de ces deux Anglais, laissées libres, ont prévenu le
consul d'Angleterre, qui a déployé dans cette circonstance l'énergie et
l'activité bien connues des représentants du cabinet de Saint-James à
l'étranger. Le consul paraît avoir obtenu de son gouvernement l'autorisation
de traiter avec les brigands...

Tout le pays d'Eboli et de Salerne est en armes. On a entouré les
brigands d'un cercle de troupes qui n'a pas moins de 50 kilomètres. Si la
lutte contre le brigandage n'était si notoirement difficile, même pour nos
Français, on se scandaliserait fort de ces agressions sur la route de Pœstum.
Il semble que les autorités auraient dû avoir à cœur de rendre absolument
sûre une route sur laquelle passe une partie du monde touriste, etc. »

(Mai 1865.)   A. EADAN.

brigands, voilà trois fléaux dont le moindre serait capable de faire reculer l'archéologue le plus intrépide. Il nous eut été sans doute fort agréable d'offrir à nos aimables lectrices un bouquet de ces roses de Pœstum si estimées des anciens et qui donnaient, dit-on, plusieurs récoltes par an. Mais il n'en reste plus aujourd'hui de traces que dans les poésies de l'antiquité. Pourtant, en qualité de Provinois, nous n'eussions pas été fâché de pouvoir comparer ces fleurs célèbres avec celles qui furent rapportées par le comte Thibaut dans notre pays. Et à ce sujet, nous pensions non sans chagrin, que les roses venues de Palestine sont menacées du même sort que celles de Pœstum, si nos ingrats compatriotes continuent à négliger la culture du précieux arbuste, à qui notre ville doit son poétique renom. Maintenant, après avoir payé un légitime tribut d'admiration à l'architecture des temples, nous nous en voudrions d'oublier la charmante maîtresse de l'auberge peu sybaritique de Pœstum. Son type grec parfaitement accentué, semble s'être conservé dans toute sa pureté après vingt générations successives. Puisse ce type qui s'harmonise si bien avec le style des monuments, se perpétuer aussi long-temps que les derniers vestiges de l'antique cité ! Tel fut l'adieu galant dont nous saluâmes la belle Possidonienne en prenant congé d'elle.

Chacun reprit silencieusement sa place dans la voiture, nous remarquâmes la précipitation avec laquelle les cochers franchissaient la distance d'un poste à l'autre. Personne de nous ne songea à s'en plaindre, en voyant la route semée de groupes d'individus aux allures équivoques et qui devaient maudire la vélocité de nos chevaux. Il est certain qu'en cas d'attaque, nous n'eussions pu opposer aucune résistance, et nous n'avions pas à compter sur l'aide de nos conducteurs, qui eussent passé bien vite à l'ennemi. On a constaté que la plupart des habitants de la campagne sont de connivence avec les bandits, ce qui rend les poursuites très-difficiles.

A la station de Battipaglia, les Anglais nous quittèrent pour prendre le chemin de fer de Naples, nous devions les retrouver dans la cathédrale, où ils assistaient en même temps que nous à la liquéfaction miraculeuse du sang de saint Janvier.

Ce fut avec un sentiment de satisfaction réelle que nous aperçumes les ruines du château fortifié assis sur les hauteurs qui dominent Salerne. Nous rentrions tous au port sans aucune avarie, heureux de penser que nos familles ne seraient pas exposées à recevoir de nos nouvelles sous la forme d'oreilles ou de nez coupés, adressés par les brigands napolitains. C'est un moyen ingénieux qu'emploient ces honnêtes industriels pour mettre à contribution l'affection des parents ou des amis de leurs victimes. Le but extrême de notre voyage était atteint, et le danger même que nous avions couru ajoutait un certain piquant à cette excursion que peu de touristes se hasardent actuellement à entreprendre. On s'accorde généralement à considérer Pœstum comme les colonnes d'Hercule du voyageur en Italie ; au-delà, en effet, l'intérêt archéologique a disparu et on ne le retrouve plus que de l'autre côté du détroit.

Il nous était difficile de quitter Salerne avant d'avoir fait une visite à la cathédrale, située dans la partie haute de la ville. C'est une des rares églises gothiques de la péninsule. Un vaste et élégant portique la précède ; les colonnes antiques qui l'ornent proviennent de Pœstum ; on les admirerait davantage si elles n'étaient recouvertes par un affreux badigeon jaune. L'intérieur de l'édifice contient, parmi d'autres curiosités, un certain nombre de tombeaux païens dont plusieurs présentent des bas-reliefs érotiques et bachiques qu'on s'étonne de rencontrer si près de la crypte qui renferme le corps vénéré de Saint-Mathieu.

Mais qu'est devenue cette fameuse école de médecine qui, au moyen-âge, avait le privilége de fournir des docteurs à toutes les Facultés d'Europe? Nous cherchons vainement l'emplacement qu'elle devait occuper; il ne reste donc de cette illustre pépinière de médecins qu'un recueil de préceptes hygiéniques mis en vers latins et longtemps populaires. Ces aphorismes sont bien vieillis et paraissent fort surannés aujourd'hui, même en les lisant dans la traduction qu'en a donnée, au xviie siècle, notre savant compatriote le docteur Michel Lelong (1).

Il semble que la salubrité du climat de Salerne ait disparu avec son école de médecine. Cette ville était jadis comme Nice de nos jours, une station médicale importante; on y envoyait de toutes parts les malades désespérés. Maintenant le séjour de Salerne est abandonné; les médecins sont empiriques et les malades salernitains vont demander à leur tour le soulagement de leurs maux à des contrées plus favorisées. Nous ne retiendrons pas plus longtemps le lecteur dans une atmosphère aussi peu hygiénique, et cependant il pourrait nous envier la délicieuse soirée que nous passâmes sur cette charmante plage.

Le ciel avait revêtu sa plus belle parure de diamants, l'air tiède était imprégné des suaves parfums qu'exhalaient les bois d'orangers. Au milieu du silence mystérieux de la nuit étoilée, on n'entendait que le murmure caressant du flot qui venait mourir à nos pieds. Puis, en rentrant à l'hôtel, un genre de spectacle inconnu aux habitants du Nord nous attendait. Les jardins en terrasses étaient comme illuminés *a giorno* par une

---

(1) *Le Régime de Santé de l'Escole de Salerne*, traduit et commenté par Michel Lelong, Provinois. Paris, Jean de Lacoste, 1633.

infinité de petites mouches luisantes appelées *lucioles*. On aurait dit une pluie de feu tombée du firmament sur les arbres et sur les fleurs. Quand ils voltigeaient dans l'air, ces insectes, armés de leur fanal microscopique, semblaient des étincelles vivantes, leur agilité était extrême; ils se riaient de tous les efforts que nous faisions pour en saisir quelques-uns.

Le lendemain de cette journée accidentée nous partions pour Amalfi.

XX.

La corniche d'Amalfi. — Un transport économique. — Majori et Minori. — Les rues d'Amalfi. — La vallée des moulins. — Hospitalité des capucins. — Sorrente paradis terrestre. — Le désert. — Les îles des Sirènes. — Le jardin des Hespérides. — Les guimbardes.

La célèbre route de la corniche de Gênes paraîtrait presque plate et droite à côté de celle qui va de Salerne à Amalfi. Taillée dans le roc vif, elle est constamment suspendue sur la mer qu'elle domine à une hauteur considérable. Rien de plus sauvage et de plus tourmenté que la première partie du chemin. A droite s'entasse un chaos épouvantable de sombres et monstrueux rochers où toutes les formes se heurtent et se confondent. Tantôt ce sont des obélisques gigantesques à la pointe effilée, à côté, gisent des blocs énormes qui ressemblent à des dômes grossièrement arrondis, plus loin, d'immenses gerçures se sont produites et ont creusé des cavernes profondes. A gauche, les flots de la Méditerranée se brisant aux écueils

viennent battre avec furie le pied de la muraille de granit sur
laquelle nous marchons. L'attention est de temps en temps
distraite par des objets informes qui se détachent des sommets
les plus élevés, glissent rapidement d'une montagne à l'autre
et retombent lourdement dans un ravin où ils s'arrêtent. On
dirait d'énormes oiseaux qui, blessés, viennent s'abattre sur
le sol. Ce sont des fascines, des bottes de foin, des pièces de
bois, que l'on fait descendre au moyen de câbles tendus,
rendus invisibles par la distance, et qui servent de transport
économique et expéditif aux fardeaux les plus pesants. Les
chasseurs de cailles postés sur la route, contribuent aussi à la
distraction du voyageur. On nous dit que ces oiseaux quittent
ordinairement la Sicile à cette époque de l'année, ils arrivent
en Italie épuisés de leur long voyage aérien et l'on en prend
en quantité sans se donner la moindre peine.

Sur le rivage, on entrevoit de distance en distance des tours
féodales placées comme les védettes de pierre de ces côtes si
souvent ravagées.

Bientôt l'aspect du paysage change: à l'horrible a succédé le
gracieux ; les villages montrent leurs blanches et coquettes
maisons étagées sur le flanc adouci des montagnes. Les plus
importants s'appellent Majori et Minori, les habitations sont
environnées de jardins aussi ravissants que pourraient les
imaginer les poètes. Au milieu des ombrages verdoyants, des
berceaux et des tonnelles, on aperçoit pendant aux branches,
les citrons, les cédrats, les oranges qui détachent l'or de leurs
fruits arrondis et nous envoient les arômes pénétrants de leurs
fleurs argentées.

A un détour de la route, on découvre, à l'extrémité d'un
petit promontoire, un groupe de constructions pressées,
dominées par un bâtiment situé au haut d'un escarpement.
C'est la ville d'Amalfi dont les maisons semblent dormir aux pieds

du couvent des capucins qui les commande. Après plusieurs circuits, on entre dans Atrani, patrie du pêcheur Mazaniello, dont un des plus grands titres de gloire, à nos yeux, est d'avoir inspiré la délicieuse musique d'Auber. Atrani est un ancien faubourg d'Amalfi, l'hôtel des *Capuccini*, où notre véhicule descend, a sa façade sur le rivage et l'on y embrasse de superbes points de vue.

Notre admiration pour la nature ne nous empêche pas d'apprécier l'excellent déjeuner où le célèbre macaroni d'Amalfi occupe le premier rang.

Quant à la ville, elle est plus curieuse que belle, nous nous enfonçons dans ses rues étroites, tortueuses et presque toujours en pente. Les maisons basses et mal percées, sont comme soudées l'une à l'autre par des arcades reliant les deux côtés de la rue. Quelques-unes servent de ponts aériens pour passer d'une habitation à l'autre ; cette disposition communique à ce pays une physionomie fort originale. Mais qui pourrait reconnaître dans ce bourg misérable, la cité dont la splendeur et la gloire rivalisèrent jadis avec celles des républiques de Gênes, de Pise, de Venise !

La cathédrale qui est précédée d'un large perron ne présente rien de recommandable comme architecture ; quelques sarcophages antiques dans l'intérieur, et des portes en bronze du xᵉ siècle, sont les seules choses que l'on puisse citer. Mais le coup-d'œil qu'on a de la plate-forme sur laquelle l'édifice est assis, mérite une mention spéciale. En face du spectateur, se dresse à une hauteur prodigieuse, une montagne conique dont le sommet est couronné par des ruines d'un effet saisissant.

La perspective d'une course à la *Vallée des Moulins* fait naître des idées de fraîcheur que l'on saisit avec transport sous ce climat torride. Cette vallée n'est qu'un chemin de moyenne largeur qui monte en pente douce et est bordé d'un côté par

une petite rivière dont l'eau met en mouvement les nombreuses
usines situées sur son parcours. L'autre rive est semée de
jardins plantés en orangers, en grenadiers, en citronniers.
Le chant des oiseaux qui se mêle au joyeux tictac des moulins égaie singulièrement cette promenade. Nous entrons dans
plusieurs fabriques de papier, de savon, de macaroni et autres
pâtes, partout nous sommes accueillis avec la même politesse
et la même bonhomie.

Il faut revenir sur ses pas pour escalader la rampe escarpée
qui conduit au couvent des capucins, ascension d'autant plus
pénible qu'on est exposé à toute l'intensité d'un soleil cani-
culaire. Mais on est récompensé de sa fatigue par le spectacle
incomparable du golfe dont on mesure tout le développement,
et surtout par la gracieuse hospitalité des moines. Une grotte
vaste et profonde s'ouvre vis-à-vis du couvent et forme comme
une immense salle voûtée par la nature ; une fraîcheur délicieuse y règne constamment. Les religieux nous apportent
avec un aimable empressement des oranges, et un vin blanc
parfumé, produit des vignes de la maison conventuelle. Quant
à l'église, l'archéologue n'a rien à enregistrer de particulier.

Nous descendons escorté de notre guide qui, à l'imitation
de ses collègues des montagnes suisses, s'efforce de tromper
la longueur et la difficulté de la marche, en chantant des airs
nationaux. L'Amalfitain s'acquitte fort bien de son rôle et
nous écoutons avec un plaisir réel ses mélodies d'un rhythme
original. Dans la dernière, que nous soupçonnons être de sa
composition, la gloire des différents peuples du monde y est
tour à tour célébrée et selon que l'auteur a reconnu en vous
un anglais, un espagnol, un américain ou un français, la
nation à laquelle vous appartenez sera toujours la plus digne.

On ne saurait donner un pourboire trop large à un poète si
bien inspiré.

Quant à sa patrie, elle ne vit plus que du souvenir de son passé, réduite de cinquante mille à trois mille habitants, cette république un instant presque seule en possession du commerce du monde, ne s'illustre aujourd'hui que par ses fabriques de macaroni !

Sic transit gloria mundi.

Amalfi doit encore se résigner à l'abandon de sa prétention d'avoir découvert la boussole, invention tout-à-fait française, ainsi que l'établit péremptoirement dans sa *bible*, notre Guyot de Provins.

.... Il était complètement nuit quand nous arrivâmes à Sorrente. Le lendemain matin, nous inaugurions la journée par le pélerinage classique à la demeure du Tasse. Elle ne porte d'ailleurs aucun caractère distinctif, il ne reste guère que les fondations de cette habitation reconstruite plusieurs fois depuis le seizième siècle. Comme les maisons voisines, elle a une façade sur la mer, l'entrée est précédée d'un vaste jardin. Ce ne sont que bosquets d'orangers, de myrthes, de jasmins, de rosiers. Les vignes font courir leurs verdoyants festons parmi les arbres qu'elles enlacent étroitement. La végétation méridionale se montre dans toute sa splendeur et toute sa puissance, les aloès, les cactus et les figuiers d'Inde y prennent des développements considérables.

La situation de Sorrente est merveilleuse, c'est la Sybaris du golfe de Naples. Tout y invite à la mollesse et à la volupté, un printemps éternel règne dans cet éden terrestre.

Sous la tiède haleine de cette atmosphère embaumée, le cœur se dilate et s'épanouit.

Le touriste subit vite le charme de cette nature enchanteresse, plusieurs complétement subjugués viennent fixer leurs jours dans ce pays où ils ont entrevu l'image du calme et du bonheur le plus parfaits.

Nous nous arrachons à regret à nos rêves paradisiaques pour faire l'ascension *du désert*, promenade infiniment trop vantée. A chaque pas, on est obligé d'escalader des marches dont la roideur et la continuité imposent au piéton une extrême fatigue. Le point culminant est occupé par les bâtiments solitaires d'un couvent ruiné par les guerres modernes.

Delà, la vue plonge sur les deux golfes de Salerne et de Naples, qui déroulent les plis ondoyants de leurs ceintures frangées d'argent. Ces îlots calcaires qui émergent du flot bleu ne sont pas indignes d'attention. Il portent un nom fameux dans l'antiquité. Ce sont les îles des Sirènes.

Nous aurions peut-être risqué l'aventure périlleuse d'une excursion aquatique, s'il y eut eu la moindre chance de retrouver quelques descendantes des perfides déesses, mais elles n'ont pas laissé de postérité. Le voyageur qui hante aujourd'hui ces parages jadis funestes, n'a plus à redouter que les séductions des belles Sorrentaises, auxquelles il peut, nous le croyons, s'abandonner sans regret.

Nous acceptons volontiers au retour la proposition d'une visite au jardin de notre hôtelier.

C'est un immense verger planté dans toute son étendue de citronniers et d'orangers. Nous nous promenons avec délices sous les voûtes odorantes de ce jardin magique.

Le soleil fait miroiter l'or de ses rayons sur les feuilles luisantes des rameaux qui ploient sous le poids dont ils sont chargés, le sol est partout jonché de fruits que l'on ne prend pas même la peine de ramasser. Comme à Nice, les bois de l'oranger et du citronnier sont utilisés par l'industrie Sorrentaise, qui consiste dans la fabrication d'ouvrages de marqueterie dont on nous fait voir quelques spécimens remarquables par le goût et la perfection.

Dans la soirée, nous avons l'agrément de prendre des glaces

an son poétique des guimbardes, instruments primitifs pour lesquels les indigènes paraissent avoir une prédilection marquée. Dans toutes les rues on les entend vibrer.

XXI.

De Sorrente à Capri. — La grotte d'azur et l'homme amphibie. — Ascension au palais de Tibère. — Un médaillé de Sainte-Hélène. — L'Ermite et ses poules. — Castellamare. — Le Dimanche à Pompéi. — Traits de mœurs napolitaines.

Un avantage apprécié des touristes qui visitent Sorrente, c'est la proximité de l'île de Capri. Il ne faut guère plus de deux heures pour accomplir la traversée.

Ce matin, le temps s'annonce des plus favorables, une légère brume couvre l'atmosphère, la mer est calme et unie, à peine si le vent ride légèrement sa surface. Nous descendons les marches d'un escalier qui conduit de la ville au port, là une barque retenue la veille et montée par six rameurs, nous emporte. Au moment où nous passions devant l'île d'Ischia, elle était coquettement enveloppée par un voile vaporeux qui faisait deviner ses gracieux contours sans les accuser complètement. Puis le soleil chasse devant lui le brouillard, et les masses déchiquetées des rochers de Capri se dessinent crûment à l'horizon.

Au lieu de débarquer de suite dans le port, nos bateliers conseillent de profiter de l'état propice du temps pour visiter la grotte d'azur. La barque contourne l'île, et s'arrête en face d'une ouverture à fleur d'eau qui s'enfonce au pied des rochers à pic. Un batelet se tient à l'entrée et ne prend avec lui que quatre personnes à la fois. L'accès de la grotte est tellement étroit et bas qu'il faut se coucher au fond de l'embarcation pour pouvoir franchir l'espèce de couloir qui y communique.

Tout-à-coup vous vous trouvez transporté comme dans un nuage d'azur, autour de vous tout est d'un bleu céleste. Tandis que nous cherchons à nous rendre compte de ce prodige, un homme que nous n'avions pas distingué tout d'abord, se déshabille dans un enfoncement de la grotte et s'élançant au milieu du liquide azuré, se met à nager autour de la nacelle. Alors se produit un effet bizarre, la partie du corps plongée dans l'eau paraît d'une blancheur nacrée, tandis que la tête qui surnage semble du plus beau noir d'ébène; on dirait un monstre humain moitié nègre et moitié blanc.

Puis le nageur ruisselant et grelottant regagne son rustique vestiaire pour réparer le désordre de sa toilette primitive. Un instant après, il recommence cet exercice aquatique et le renouvelle jusqu'à ce que le dernier visiteur ait disparu.

Au bout de quelques années de ce fatigant métier, un homme doit passer infailliblement à l'état de mollusque.

A notre débarquement au port dit de la marine, autour duquel sont disséminées quelques maisons de pêcheurs, une nuée d'enfants se précipite à notre rencontre en nous présentant à choisir, des coquillages, des oiseaux, des branches de corail. Mais nous n'avons d'yeux que pour l'enseigne de *l'hôtel d'Angleterre*, où nous recevons une hospitalité dont notre estomac affamé n'a qu'à se louer.

Le couvert est dressé sur une terrasse dont le flot caressant de la Méditerranée lèche sans cesse le pied. Le regard ne rencontre devant lui que des horizons délicieux.

Les convives déjà parfaitement disposés, sont encore mis en belle humeur par la jovialité de l'hôtelier qui parle un français peu intelligible, et se livre à des facéties que son langage et son accent rendent des plus grotesques.

Au dessert, des jeunes filles à la figure distinguée, viennent nous proposer des chevaux et des ânes pour monter au palais de Tibère. Nous reconnûmes l'utilité de ces auxiliaires, en gravissant le sentier rocailleux qui conduit à la ville de Capri, assise sur un versant de la montagne. Ses maisons carrées aux toits plats ressemblent à des dés de pierre, elles sont entremêlées de petits dômes d'un gris foncé qui donnent à cette cité une physionomie étrange.

Le sentier continue à grimper enserré dans sa double bordure d'arbustes rabougris, d'énormes cactus, et de figuiers d'Inde aux fruits d'un rouge pourpre. Avant d'atteindre le point culminant, on fait ordinairement une pause dans un cabaret où l'on sert des rafraîchissements médiocres, et des comestibles parmi lesquels le cervelas est en grand honneur. Cette modeste auberge est tenue par un ancien militaire français médaillé de Sainte-Hélène.

Notre compatriote qui s'appelle Bourgeois, a reçu le jour à Valenciennes ; il nous confie qu'il est certainement fier de porter la médaille de bronze, mais que sa joie serait sans égale, si le ruban rouge qu'il sollicite en vain depuis longtemps, venait récompenser ses bons et loyaux services. Peut-être, ajoute-t-il, votre intervention m'aiderait-elle à atteindre ce but tant désiré.

Nous ne pouvons, hélas ! que faire des vœux pour que la tombe ne se referme pas sur ce vieillard avant l'accomplissement de ses rêves.

En attendant, nous sommes conviés au spectacle d'une tarentelle dansée par trois femmes et un homme qui s'accompagne avec un tambour de basque. Malheureusement, l'absence de costume enlève à ce divertissement chorégraphique une grande partie de son intérêt et de son prestige.

Puis nous nous acheminons vers les ruines du palais de Tibère, bâti sur la pointe d'un gigantesque rocher à pic dont la base plonge dans la mer. Il ne reste que les substructions et quelques traces de pavage en mosaïque de l'impériale demeure, théâtre des débauches les plus effrénées et des crimes les plus atroces.

Aujourd'hui, à deux pas de ces ruines impures, un prêtre ermite s'est fait bâtir une maisonnette et dans sa paisible retraite, il se livre avec succès à l'éducation des poulets et autres oiseaux de basse-cour.

Après avoir joui des perspectives saisissantes que forment les puissants reliefs de l'île, nous descendons vers notre embarcation, harcelés en chemin par des hommes et des femmes qui nous demandent avec insistance la *bouteille* et le *macaroni*; c'est une formule à l'usage des naturels de ce pays, pour obtenir l'aumône de l'étranger.

La nécessité de refaire le trajet de Sorrente à Castellamare nous chagrine d'autant moins que nous l'avions accompli en sens inverse, par une obscurité complète.

Aujourd'hui dimanche, tout a un air de fête qui réjouit. Les habitants de la campagne se rendent en foule aux offices, les femmes sont gracieusement coiffées de voiles noirs à l'instar des Espagnoles, les bijoux originaux dont elles sont parées rehaussent encore leur beauté naturelle.

La route creusée dans le flanc des rochers abrupts qui côtoient la mer, est extrêmement accidentée, ses circuits continuels varient à tout instant les paysages. Le bourg de Vico, construit au bord d'un ravin profond, tapissé de verdure, est particulièrement pittoresque. Çà et là des châteaux et des villas environnés de jardins couronnent le sommet de fraîches collines. De nombreuses sources d'eau sulfureuse coulent le long de la côte et s'épanchent dans la mer. La nature a tout prodigué à cette région privilégiée.

Située en face de Naples, Castellamare selon la tradition, s'élève sur l'emplacement de Stabies, détruite par l'éruption de 79. Les rues de la cité moderne sont bien percées, les maisons parfaitement alignées ont plusieurs étages. Le calme et le bien-être paraissent répandus partout. Cependant vis-à-vis, le Vésuve fume, toujours prêt à dévorer de nouvelles victimes.

Le port est vaste et profond, de nombreux navires y déploient leurs pavillons. La vue éblouissante que l'on découvre des fenêtres de la Trattoria où nous sommes descendus, est plus recommandable que la nourriture qui nous est servie.

Ici notre excursion touchait à son terme; cependant quelque grande que fut notre impatience de retourner à Naples pour reprendre haleine, nous nous serions reproché de passer devant la station de Pompéi sans y faire une halte.

L'entrée étant gratuite aujourd'hui, les rues de la nécropole encombrées de curieux et de flâneurs avaient repris une animation telle qu'aux plus beaux jours de sa prospérité.

Après une visite à l'amphithéâtre, séparé des maisons par des champs et des vergers sous lesquels reste encore ensevelie une partie de Pompéi, nous remontons en wagon et nous débarquons à Naples assez tôt pour assister à l'exhibition des toilettes de la *Villa reale*.

Quantité de journaux quotidiens paraissent ici et il s'en fait un trafic considérable dans les allées du jardin royal. Ayez soin de vous munir de monnaie si vous ne voulez être victime de l'espiéglerie des enfants de l'ancienne Parthénope, qui se livrent à la vente des feuilles publiques. L'un d'eux, après avoir reçu une pièce de 50 centimes, déclare ne pas pouvoir rendre de monnaie et s'esquive en nous glissant dans la main deux numéros du *Pungolo*, dont nous ne voulions acheter qu'un exemplaire à 10 centimes.

Encore, ces *gavroches* napolitains sont-ils souvent moins scrupuleux. Un de nos compagnons nous raconta qu'en montant en voiture, il venait de s'apercevoir de la disparition de son porte-monnaie. Le voleur, pris en flagrant délit, n'avait pas eu le temps de fuir, c'était un petit *pick-pocket* d'une douzaine d'années. Il se confondit en protestations et en promesses, et son repentir plus ou moins sincère lui valut sa liberté, grâce à la générosité de notre ami.

XXII.

Descente aux Enfers. — Le Cocyte. — L'antre de la Sibylle de Cumes. — L'Achéron. — Hommage à Vénus. — Les étuves de Néron. — Pouzzoles. — La grotte du chien. — Représentation à San Carlo.

Le touriste a cela de commun avec le Juif-Errant, qu'une fois en route, il ne lui est plus permis de s'arrêter. Malheureusement, il ne jouit pas du privilége réservé au célèbre *marcheur* de l'Ecriture, qui trouvait toujours 25 centimes dans sa poche pour subvenir à ses frais de voyage.

A peine remis des fatigues de l'excursion de Pœstum, il fallait reprendre le cours interrompu de nos pérégrinations. Aujourd'hui nous devons explorer les lieux mythologiques décrits par l'auteur de l'Enéide, dont nous avions maintes fois maudit le poème au collége, à cause des nombreux pensums que sa traduction nous avait attirés. C'est une courte visite aux enfers que nous proposons au lecteur, nous engageant à ne l'y laisser que le temps de déposer une carte chez le dieu Pluton.

On sort de Naples par la grotte du Pausilippe et l'on traverse la plaine fertile de Bagnoli, puis le véhicule suit les
contours du golfe jusqu'à Pouzzoles, situé pittoresquement sur
un rocher. A notre entrée dans la ville, un cicerone se présente et nous persuade que sa compagnie est indispensable
pour accomplir l'excursion projetée.

Voici d'abord le lac Lucrin, sorte d'étang fangeux réputé
pour ses huîtres. Des ouvriers sont occupés à poser des rails
sur ses bords, le gouvernement, nous dit le guide, a l'intention
de faire communiquer les lacs Lucrin et Averne et d'établir là
un port militaire.

Au-dessus de ces lacs, se dresse le *Monte Nuovo*, montagne
de nouvelle formation comme l'indique son nom. Elle naquit
l'an de grâce 1538 et annonça son entrée dans le monde par
un tremblement de terre qui la fit surgir tout-à-coup de la
plaine. On y exploite actuellement la pouzzolane.

Nous longeons maintenant les bords de l'Averne, l'ancien
Cocyte; il n'a rien d'épouvantable ce fleuve infernal, un site
romantique l'entoure, des châtaigniers, des vignes, des orangers, lui forment une verdoyante ceinture. On se croirait
presque dans un coin des Champs-Elysées. Cependant, on
affirme que jadis les oiseaux qui s'aventuraient dans ces
parages étaient immédiatement asphyxiés par les odeurs mé-
phytiques de l'atmosphère empestée.

Un sentier frayé à travers un bois touffu, mène en quelques
minutes à l'antre de la Sibylle de Cumes. A notre approche,
les gardiens qui se tiennent à l'entrée, allument des torches et
nous nous engageons à la suite de ces cerbères humains dans
un étroit souterrain.

Le passage va en se rétrécissant et devient plus sinueux,
l'air s'épaissit de plus en plus. Tout-à-coup on entrevoit à
travers les reflets vacillants des torches, des ombres qui

s'agitent mystérieusement sous les voûtes humides. Puis les ombres s'avancent silencieuses vers nous et le guide nous assure à propos qu'il n'y a rien à craindre. Ce sont des individus postés là, attendant le voyageur, pour lui faire franchir sur leurs épaules une espèce de gué qui précède l'antre de la Sibylle.

Ces hommes nous déposent sur une sorte de banc de pierre qui était sans doute garni de coussins moelleux au temps où la prophétesse venait donner ses consultations au public. A côté se trouve un lit semblable, ce serait celui qu'occupait Néron quand il lui prenait fantaisie de se faire dire la bonne aventure.

Malgré les traces de mosaïque encore apparentes aux murailles, nous estimons que l'oracle était assez mal logé pour recevoir sa nombreuse clientèle et surtout celle des empereurs qui l'honoraient de leur confiance.

A peine a-t-on revu la lumière du jour, qu'un second souterrain se présente ; c'était le chemin de la Sibylle à sa grotte, il aboutit à la Via Appia, qui conduisait de Gaëte à Cumes. De cette ville célèbre il ne subsiste que le souvenir de sa grandeur. Cependant, on retrouve encore les anciennes substructions et quelques pans de muraille. Les fouilles qui sont pratiquées dans le sol, couvert aujourd'hui de vergers et de jardins, mettent à jour des fragments de sculpture importants. Le débris le plus intact et le plus intéressant, est *l'arco felice*, antique porte construite en briques, et percée d'une large arcade sous laquelle passe la route.

Comme nous parcourions le sentier de Cumes à Baia, un énorme serpent caché derrière une haie fait mine de s'élancer sur la voiture. Grâce à l'agilité et à l'adresse de notre guide qui lui assène un violent coup de bâton sur la tête, le reptile est terrassé. Nous échappons ainsi à un sérieux danger, la

morsure de ces animaux, fort communs dans le pays, étant
mortelle. Signalons aux gourmets le lac Fusaro renommé par
la délicatesse et l'abondance de ses huîtres. Ce sont, prétend-
on, les eaux jadis maudites de l'avare Achéron qui fournissent
ce précieux mollusque. Si nous révélons ce détail aux amateurs, ce n'est nullement pour les dégoûter. Rien de moins
prouvé que l'origine mythologique du Fusaro et d'ailleurs le
temps purifie bien des choses. Quant à la ville de Baia, elle
n'est plus représentée que par les ruines disséminées sur les
rochers qui s'avancent à l'extrémité d'un petit promontoire.
Presque rien ne rappelle ce paradis des désœuvrés de la société
romaine, ce séjour de délices tant vanté par les poètes. Seuls
quelques vestiges de temples encore debout, vous parlent du
passé.

Celui de Vénus, le plus gracieux et le plus complet, est
octogone, sur les murailles lézardées, revêtues d'une jolie
teinte rose, grimpent en liberté des pampres sauvages. Nous
sommes moins étonné de la puissance de l'écho qui vibre dans
ce monument, que charmé du spectacle d'une tarentelle à
laquelle se livrent dans le sanctuaire de la déesse de la volupté,
les almées indigènes.

Personne ne manque à la coutume traditionnelle de déguster,
dans l'unique auberge de la localité, les huîtres du lac Fusaro,
arrosées d'un vin blanc décoré du nom de Falerne. Ou les
anciens étaient fort accomodants, ou ce vin, plat et doucereux
aujourd'hui, doit avoir singulièrement dégénéré depuis
Horace.

En manière de digestif, nous allons prendre un bain de
vapeur dans les étuves de Néron ; un corridor rustique aboutit
à une salle où règne une chaleur excessive. N'essayez pas de
pénétrer plus avant, vous vous exposeriez à être cuit à point,
comme cet œuf qu'on nous apporte après avoir été plongé

deux ou trois minutes dans l'eau sulfureuse, par un individu acclimaté à ce paroxysme de température.

Avant de rentrer à Pouzzoles, nous donnons un coup d'œil à l'amphithéâtre, qui se distingue par la grandeur de ses proportions. Trente mille spectateurs s'y plaçaient aisément autrefois; on aurait peine à trouver actuellement à Pouzzoles un nombre d'habitants suffisants pour occuper le quart des gradins du cirque. Les tremblements de terre et la *Mal-aria* ont ruiné et dépeuplé en grande partie la ville. La cathédrale située sur une éminence n'offrait d'intéressant à notre curiosité que le tombeau de l'illustre compositeur Pergolèse, qui fit faire, au xviiie siècle, tant de progrès à la musique religieuse.

Le lac d'Agnano, près de Pouzzoles, le dernier indiqué sur notre itinéraire, est peut-être moins remarquable par sa belle situation que par les nombreuses grenouilles qui y ont élu domicile. Aux croassements continuels des batraciens, se mêlent les gémissements des malheureux chiens soumis depuis 300 ans à l'invariable expérience de l'asphyxie produite par le gaz méphytique qui se dégage du sol à l'endroit appelé *grotte du chien.*

Si nous signalons au lecteur les *Pisciarelli* ou Etuves de San Germano, ce sera dans le but charitable de le soustraire à l'aimable espièglerie du gardien qui vous invite en souriant à appliquer les mains contre une paroi de la muraille. Vous retirez vivement vos doigts brûlés, en vous récriant et en protestant, ce qui n'empêche pas le loustic custode de réclamer 50 cent. *de buona mano.*

L'affiche annonçant une représentation pour le soir, à San Carlo, nous apparut, à notre retour des enfers, comme la promesse de l'une des jouissances réservées aux bienheureux du paradis. Il importe de ne pas négliger l'occasion, car elle sera unique, le théâtre devant être fermé toute la saison d'été. On

sait que la salle de San Carlo passe pour être la plus vaste
de l'Europe. Trente-deux loges contenant chacune douze personnes, s'élèvent perpendiculairement au-dessus du parterre
divisé en stalles où les dames sont admises.

Le spectacle se compose de fragments appartenant à divers
opéras et, entr'autres, de deux actes de *Maria-Stuarda*, œuvre
posthume de Donizetti, une des plus médiocres du maestro.
La voix du ténor Mirate et celle de Mme Lagrua, soulèvent
à plusieurs reprises les justes applaudissements du public.
L'orchestre ne ressemble heureusement à aucun de ceux que
nous avions entendu jusqu'ici en Italie. Il peut rivaliser de
perfection avec celui de notre opéra parisien.

La représentation se terminait par *le Songe d'Ynès*, ballet
qui sert à faire valoir le talent de la danseuse principale, dont
nous n'avons pas retenu le nom.

Les décors sont très-soignés, ce qui nous étonne moins que
la présence au parterre de jeunes abbés dilettantes, se pava-
nant dans leur stalle avec une aisance et une insouciance qui
ne surprend que les *forestieri* (étrangers), ici on n'y fait aucune attention. Si pareille chose se passait en France, comme
on jaserait dans Landernau !

XXIII.

*Précautions oratoires. — A travers les rues de Naples. — Saint-
Janvier et sa famille. — Le miracle. — Inventaire du mobilier
de la chapelle du Trésor. — Ascension du Vésuve. — Pèlerinage
à la Chartreuse de Saint-Martin. — Adieux à Naples. — L'auteur proteste contre le dicton : Voir Naples et mourir.*

Le miracle de Saint-Janvier, qui a lieu deux fois par an, aux
mois de mai et de septembre, se reproduit huit jours de suite,
à peu près aux mêmes heures. C'est une bonne fortune pour
l'étranger de se trouver à Naples à l'une de ces époques
solennelles. Pour nous, n'ayant jamais été témoin d'aucun
miracle, nous nous félicitions de la coïncidence heureuse qui
nous permettait de faire connaissance avec celui de Saint-
Janvier, si célèbre et si populaire. Mais avant de toucher à
un sujet aussi délicat, nous tenons à déclarer que nous
voulons borner ici notre rôle à celui d'un simple et véridique
spectateur, racontant fidèlement ce qu'il aura vu et entendu,
en s'abstenant de toute espèce de commentaire. Notre but
sera atteint, si nous sommes parvenu à donner une photographie exacte du tableau offert à nos yeux pendant quelques
heures. Nous ajouterons encore, et cela pour l'édification des
lecteurs qui l'ignorent, que l'extrême dévotion des Napolitains
à Saint-Janvier est un témoignage de leur reconnaissance
pour ce pieux évêque, martyrisé au v° siècle, dont l'intervention sauva plusieurs fois la ville de Naples, menacée de
terribles calamités.

Ainsi, ce serait grâce à la protection puissante de son

patron révéré que la magnifique cité aurait, selon la tradition, échappé à diverses éruptions du Vésuve, dont la lave était venue jusqu'à ses portes.

Toûte la ville était en émoi dans la matinée du 8 mai 1865, chacun se dirigeait à la hâte du côté de la cathédrale Saint-Janvier. A la préoccupation empreinte sur la plupart des physionomies, on pressentait qu'un événement important allait s'accomplir. Contrairement à l'habitude, nous constatons la rareté des voitures en disponibilité, ce n'est qu'à grand'peine que nous trouvons un fiacre pour aller à San-Gennaro.

Le véhicule traverse des quartiers populeux et malpropres, quelques rues forment une suite non interrompue de boutiques basses et obscures, à l'étalage desquelles pendent des morceaux de chairs palpitantes. A cette décoration sanglante et fétide, succède celle des maisons dont les murailles sont illustrées d'inscriptions en lettres rouges qui reflètent les sentiments démocratiques des habitants. Nous relevons entr'autres celles-ci : *Viva Garibaldi!* répétée neuf ou dix fois de suite ; *Viva Emmanuele! Mort aux ennemis de l'Italie!* etc. Le voisinage de la cathédrale s'annonce par une multitude de petites boutiques ambulantes, occupées par des marchands de chapelets et d'images de Saint-Janvier. La place est de médiocre étendue et la façade de l'église ne mérite aucune mention spéciale.

A peine entré, nos oreilles sont frappées par des bruits étranges et confus qui partent de l'une des chapelles à droite de la nef. Ces bruits deviennent plus forts et plus distincts à mesure que nous avançons. On entend comme des murmures mêlés à de sourdes clameurs, des gémissements, des plaintes étouffées.

Avant de franchir le seuil de la porte, nous nous demandons si nous n'allons pas assister à quelque drame sinistre. Enfin, nous pénétrons presque en tremblant dans la chapelle encombrée par une foule considérable. On nous laisse approcher et, monté sur une chaise à l'exemple de nos voisins, parmi lesquels nous reconnaissons nos Anglais de Salerne, nous pouvons dominer et voir aisément ce qui se passe. Etrange spectacle dans une église : Figurez-vous, au premier plan, plusieurs rangées de bancs placés à droite et à gauche du chœur, ceux de gauche sont occupés par des femmes, la plupart âgées et vêtues de haillons. En ce moment, elles ressemblent à de véritables furies, les plus animées se tiennent au premier rang, appuyées contre la balustrade de marbre qui sépare le chœur de l'autel. Suivant une tradition accréditée dans le pays, ce sont les descendantes des parents de Saint-Janvier, auquel nous ne pensons pas manquer de respect en disant qu'il n'a pas lieu d'être fier de ses arrière-petites-cousines.

Ces sortes de possédées prononcent, avec une volubilité extrême, des paroles inintelligibles, des mots inarticulés qu'accompagne une gesticulation des plus expressives. Leur attitude est parfois menaçante : elles fixent avec des yeux ardents et inquiets un prêtre qui, debout sur les marches de l'autel, tourne et retourne en tous sens un reliquaire qu'il montre au public.

On a comparé la forme de ce reliquaire à celle d'une montre énorme qui aurait de chaque côté une paroi de cristal, et plus justement à une lanterne comme en portent à Paris les voitures de remise. Entre les glaces arrondies et entourées d'un cercle d'argent sont disposées deux fioles d'inégale grandeur qui contiennent le sang épais et coagulé de Saint-Janvier. Au bout d'un certain temps, après que le chanoine officiant a approché plusieurs fois les ampoules du buste d'argent qui renferme la tête du saint martyr, le sang doit se liquéfier.

C'est dans cette liquéfaction que consiste le miracle. Selon
que le prodige est plus long à s'accomplir, les parentes de
Saint-Janvier manifestent leur impatience et leur mécontentement d'une façon plus ou moins vive.

Elles varient leurs intonations avec des nuances infinies,
les démonstrations provocantes succèdent aux inflexions de
voix les plus douces et les plus caressantes. Le crescendo
formidable de ces discordantes mélopées ressemble aux mugissements de la mer montante. Au milieu des supplications, on
distingue les noms de Jésus et de la Vierge, tour à tour
invoqués pour faire accélérer le miracle. Ces turbulentes
manifestations ne paraissent nullement émouvoir le prêtre,
qui continue d'agiter les fioles.

Enfin, les prières sont exaucées, les cris cessent tout à coup;
l'officiant thaumaturge élève en l'air le reliquaire et montre
triomphalement au peuple le sang qui coule dans les ampoules.

Le miracle est accompli : *E fatto miracolo.* Des transports
de joie accueillent ce résultat. L'orgue fait résonner ses
accords les plus éclatants, les voûtes sacrées retentissent des
chants d'allégresse qu'entonnent les assistants. Puis chacun
vient s'agenouiller sur l'un des degrés de l'autel où le prêtre
fait alternativement l'imposition du reliquaire sur les lèvres
et sur le front des fidèles.

Nous avons lieu d'être d'autant plus satisfait de cet heureux
dénouement que, dans le cas où le prodige ne s'opérerait
pas, la populace pourrait s'en prendre aux étrangers présents,
dont la vie serait compromise. C'est sans doute pour prévenir
ce danger que l'on aperçoit une partie de la nef occupée par
des soldats prêts à intervenir à la première alerte.

Maintenant que nous avons décrit aussi consciencieusement
que possible et, nous le répétons, sans aucune intention de
dénigrement, la physionomie singulière que présentait la cha-

pelle de S.-Janvier ou du Trésor, le 8 mai 1865, nous allons dresser un inventaire sommaire des richesses accumulées dans ce sanctuaire sacré. Le buste du patron de Naples est littéralement recouvert de diamants, de pierres précieuses, de colliers de perles fines; ce sont autant de cadeaux offerts par des souverains indigènes et étrangers. Les tableaux reproduisant des épisodes de la vie du saint sont dus aux pinceaux de l'Espagnolet et du Dominiquin. Partout on a prodigué les marbres et les métaux de prix. « Les statues, » dit l'abbé Postel (1), auteur d'un ouvrage fort intéressant sur le miracle de S.-Janvier, « les statues, au nombre de 70, « dont 40 en argent massif, forment ce qu'on appelle la « cour de Saint-Janvier. Ce sont des saints choisis par les « familles, par les rois, par les couvents qui les ont donnés; « on assure que le Trésor renferme pour 200 millions d'orne- « ments, de vases sacrés, de pierreries, de statues. »

Nous sommes persuadé que si Saint-Janvier quittait un instant le paradis pour venir au milieu de ses compatriotes, il s'empresserait d'acquérir encore de nouveaux titres à leur amour et à leur gratitude, en consacrant une partie de cet énorme capital au soulagement des nombreuses misères qui affligent ce beau pays.

Après avoir visité la chapelle souterraine, construite sur l'emplacement d'un temple païen dédié à Apollon, et dans laquelle est déposé le corps du saint vénéré, nous rentrons dans la cathédrale. Le calme est rétabli, on peut observer sur le visage des personnes qui viennent d'assister au miracle un air de satifaction très-manifeste. Par exemple, il est un.

---

(1) Le Miracle de Saint-Janvier à Naples, étude critique, historique, théologique et scientifique, par M. l'abbé Postel, du diocèse de Paris. Paris, Saulnier, 1857.

peu trop marqué chez ce paysan que nous voyons agenouillé
devant le confessionnal et qui paraît causer très-familièrement
avec son directeur. Nous surprenons même quelques sourires
des plus irrévérencieux sur les lèvres du pénitent. Nul autour
de nous ne semble scandalisé de cette tenue peu édifiante,
qui avait déjà plusieurs fois excité notre étonnement dans
les églises de Rome et de Naples.

L'Italie est certainement un pays privilégié ; on peut y faire
son salut de la manière la plus agréable et la plus commode.

Le mercredi 10 mai, date mémorable dans nos souvenirs
de touriste, nous nous joignions à nos amis pour entreprendre
l'ascension du Vésuve. A trois heures de l'après-midi, le
même équipage nous transportait à Résina, village situé aux
pieds du cratère et d'où l'on commence l'ascension. Là, des
contestations s'élèvent entre nous et les agents d'une espèce
de bureau chargé de procurer aux étrangers des guides et
des chevaux. Les pourparlers, en se prolongeant, entraînèrent
un retard qui fut très-préjudiciable au succès de notre expédition, ainsi qu'on le verra plus loin. Il était près de six
heures quand nous nous mîmes en route, chacun ayant
enfourché un de ces dociles quadrupèdes qui, habitués à voir
tous les jours lever ou coucher le soleil du haut du Vésuve,
doivent être singulièrement blasés sur ce genre de spectacle.
Avouons, non sans confusion, que notre inexpérience en
équitation nous attira les quolibets des indigènes ; de jeunes
polissons se mirent à poursuivre à coups de pierres et de
bâtons nos montures que cette excitation avait rendu presque
fougueuses. Après une heure de marche fort pénible pour les
chevaux, obligés d'enjamber à chaque pas d'énormes blocs de
pierre qui obstruent le sentier et forment comme autant
d'escaliers abruptes, on aperçoit d'immenses plaques d'un
noir foncé. C'est la région des coulées de laves qui couvrent

le flanc de la montagne et à travers lesquelles on ne tarde pas
à s'engager. La végétation a disparu peu à peu, on ne voit plus
çà et là que quelques arbustes maigres et rabougris. Les
guides signalent à notre attention les couches qui appartiennent aux différentes éruptions et dont la plus récente
date de 1859.

Cet amas de matières volcaniques affecte les formes les
plus incohérentes, les plus monstrueuses; l'imagination peut
évoquer là tout un monde fantastique. Les crevasses et les
gerçures qui s'ouvrent béantes à côté de nous, nous rappellent
assez volontiers l'aspect de la mer de glace à Chamounix, en
tenant compte toutefois de la différence de couleur. C'est une
mer de métal bouillant frappée d'immobilité par un refroidis-
sement subit. Une désolation morne et sauvage plane sur cette
nature sinistre, qui semble condamnée à porter éternellement
le deuil des cités englouties par le volcan.

Nos idées commençaient à prendre une teinte tout à fait
lugubre, quand nous distinguâmes une blanche construction
au milieu d'une oasis de végétation composée en partie des
plants de vigne qui fournissent le vin fameux de Lacryma-
Christi. Cette apparition inattendue nous fit l'effet d'un rayon
de soleil illuminant soudain l'obscurité de la nuit. Ce bâtiment
s'appelle l'Ermitage de San-Salvadore. Des enfants s'avancent
courant vers nous pour offrir aux voyageurs des échantillons
minéralogiques recueillis dans la montagne; on nous propose
en même temps des bâtons destinés à l'ascension du cône.
Nous déclinons ces offres ainsi que celle de boire le vin de
l'ermite; c'est un plaisir que nous réservons pour le retour.

Un peu au-dessus de l'Ermitage s'élève l'observatoire
météorologique. Nous admirons en passant le courage et
l'abnégation de ces estimables savants qui, par amour de la
science, consentent à s'exiler dans ces tristes et périlleuses

solitudes. On frémit de songer que, dans un accès subit de mauvaise humeur de cette terrible majesté, les malheureux astronomes seraient les premières victimes frappées par cette épée de Damoclès flamboyant sans cesse au-dessus de leurs têtes.

A partir de cet endroit, le chemin est plus étroit et plus escarpé, l'on est suspendu au-dessus de précipices effroyables, véritables gouffres de l'enfer, où le Styx et l'Achéron feraient assez bonne figure. Puis on atteint un plateau situé entre deux sommets dont le plus élevé est le cône du Vésuve, l'autre serait l'ancien volcan éteint, criminel auteur des catastrophes à la suite desquelles périrent les trois villes de Stabies, d'Herculanum et de Pompéi. Il s'agit à présent de parvenir au faîte de cette gigantesque cheminée qui fume perpétuellement. En contemplant de près ce noir amas de scories et de cendres, dont l'inclinaison est presque perpendiculaire, on se demande s'il n'est pas insensé de songer à entreprendre l'assaut de cette mouvante citadelle de mâchefer.

Des hommes vigoureux vous attendent à la base du cône; ils sont munis d'un matériel complet : chaises à porteurs, ceintures, bâtons, courroies, cordages et autres engins propres à faciliter ce tour de force de gymnastique. Nous tentons bravement l'escalade, mais après une demi-heure d'un exercice aussi fatigant pour les jambes que désastreux pour les chaussures, qui ne trouvent de point d'appui que sur les aspérités des scories, nous descendons convaincus de l'inanité de nos efforts. Le soleil disparaissait de l'horizon et un brouillard épais était survenu ; ajoutons qu'il fallait encore une heure de marche pour atteindre le sommet du cône. Le temps perdu à Résina faisait échouer notre entreprise.

Nous eussions pourtant été flatté de pouvoir faire éprouver au lecteur les émotions qu'il eut peut-être ressenties en nous

voyant exposé à être dévoré par le monstre igné, que des
Italiens appellent *vomero* ; et cela pour donner plus d'intérêt
et d'exactitude à notre récit.

Nous serons donc privé du plaisir d'accompagner nous-
même, sur les bords du cratère, le lecteur que nous avons
laissé en chemin malgré nous ; il nous excusera sans doute en
faveur du cicerone que nous lui offrons pour continuer à notre
place l'ascension du Vésuve et suppléer à notre silence forcé.
« Le cratère, dit Paul de Musset, large à sa base à peu près
« comme la place Vendôme, et autour duquel on peut circuler,
« a la forme d'un entonnoir ; on trouve un petit trou dont le
« diamètre ne dépasse pas cinq pieds et d'où sort une fumée
« qui ne permet pas d'y plonger le regard. Cet orifice ne
« m'a pas semblé plus épouvantable que celui d'une cheminée.
« En somme, tout cela n'avait rien de terrible et restait fort
« au-dessous des images que le mot de volcan fait naître dans
« l'esprit. Mais les jours d'éruption, la réalité prend une
« revanche éclatante et surpasse ce que l'imagination peut
« inventer. Le large entonnoir déborde, etc. »

Si à cette description peu enthousiaste nous joignons les
malédictions suivantes, échappées au président de Brosses (1),
on comprendra que nous puissions nous consoler d'avoir
manqué l'occasion d'enregistrer de pareilles impressions :
« Ah ! chienne de montagne ! passage du diable ! soupirail
« de lucifer ! tu peux bien abuser de moi tandis que tu me
« tiens ! Je reviendrais bien mille fois à Naples que jamais
« tu ne me seras rien. Plutôt que de retourner voir ton
« gouffre infect, j'aimerais mieux

« Devenir cruche, chou, lanterne, loup-garou,
« Et que monsieur Satan vint m'y rompre le cou. »

---

(1) L'Italie il y a cent ans, par le président de Brosses. A. Levasseur,
1836.

Quelque grandioses que puissent être les émotions causées par le spectacle d'une éruption, nous ne sommes pas d'avis d'attendre la prochaine, si bien placé que nous soyons ici pour en jouir complètement. Nous dûmes activer d'autant plus le départ, que la nuit arrivait rapidement; les nuages, de plus en plus opaques, nous pénétraient de leur vapeur humide. La cavalcade met pied à terre à l'Ermitage; là, dans une pièce spacieuse, modestement meublée, voyageurs et guides dégustent en commun le doux nectar de Lacryma-Christi, dont le bouquet nous paraît avoir quelque analogie avec celui du vin de Falerne et des moines du couvent d'Amalfi. Suffisamment réconfortés, nous regagnons le chemin rocailleux, encore plus rude à descendre qu'à monter. La lune perçant d'un pâle rayon sa ténébreuse enveloppe, semblait éclairer comme à regret ces lieux maudits.

La conversation, assez animée au début sous l'influence de la liqueur généreuse de l'ermite, avait cessé peu à peu pour faire place à des sentiments en harmonie avec la tristesse et la solennité du paysage. Et puis, les précipices qui bordent la route à droite et à gauche rendaient chacun attentif et circonspect. Un faux pas du cheval pouvait faire rouler le cavalier au fond d'abîmes insondables.

De temps en temps on voyait apparaître dans le lointain les lumières du golfe de Naples, qui scintillaient comme une ceinture de rubis. Enfin, à onze heures, nous rentrions à Résina; le bruit des pas de nos chevaux troublait seul le silence dans lequel était alors plongé le village endormi. Après avoir pris congé de *Macaroni*, c'était le nom gastronomique du paisible coursier qui nous avait été départi et auquel nous sommes prêt à décerner un certificat d'intelligence et de docilité, nous reprenions la route de Naples, et la calèche-omnibus nous déposait bientôt, nous et nos compagnons, à la porte de l'hôtel Washington.

Nous consacrâmes les dernières heures que nous passâmes
à Naples au pélerinage de la Chartreuse de Saint-Martin,
située à mi-côte de la colline couronnée par le fort Saint-Elme.
Nous connaissions déjà les Chartreuses de Grenoble et de
Pavie : la première, aux murs froids et nus, entourée d'un
paysage austère, en rapport avec l'âpreté du climat, tombeau
anticipé ; la seconde, où l'homme entrevoit les jouissances
du paradis à travers les doux sourires que lui prodigue le
soleil de l'Italie, cloître élégant, accumulation de trésors
artistiques dans l'église. L'architecture du monastère de
S.-Martin ne présente rien de remarquable, on n'y fabrique
ni liqueurs ni élixirs ; sa chapelle est moins riche que celle
de Pavie en mosaïques et en marbres rares, mais elle possède
des chefs-d'œuvre du Solimène et de Lanfranc, et, par-dessus
tout, sa situation en fait une délicieuse retraite. Un moine
nous montre les différents aspects que l'on embrasse des
fenêtres du bâtiment claustral. L'œil plonge à pic sur un
dédale de rues étroites ; les maisons, parfaitement alignées,
avec leurs toits plats et symétriques, paraissent avoir été
taillées d'un seul coup dans des blocs de pierre. De cette
hauteur, les hommes affairés qui s'agitent à nos pieds ressemblent à des mouches sorties de leurs ruches. Des régions
supérieures d'où nous planons, nous sommes presque tenté
de prendre en pitié ces petits êtres qui se donnent tant de
peines et de soucis pour des intérêts purement mondains. Le
religieux qui nous avait accompagné dans notre visite, nous
voyant absorbé dans nos réflexions philosophiques, juge le
moment favorable pour nous offrir une médaille en vermeil
à l'effigie de Saint-Martin, que nous conservons précieusement.

Nous escaladons ensuite les pentes extrêmes qui séparent
la Chartreuse *San-Martino* du fort Saint-Elme, alors occupé
par les *bersaglieri*, ces zouaves de l'armée italienne. Les braves

11

fantassins nous accueillent avec courtoisie ét nous font gracieusement les honneurs de la citadelle. De ce point culminant, la vue est plus étendue, mais beaucoup moins saisissante que celle dont on jouit du couvent; les détails se confondent et se perdent dans l'ensemble. Là, nous saluons d'un dernier adieu la belle cité Parthénopéenne que nous devions quitter le lendemain. A notre retour dans la ville, nous arrêtons notre passage sur le paquebot *le Quirinal*, et, après trois jours d'une traversée accidentée, nous débarquions dans le port de Marseille.

Nous avions vu Naples, et s'il fallait prendre au sérieux le proverbe italien : *Vedere Napoli e poi mori*, il ne nous restait plus qu'à quitter une existence qui, nous le confessons, ne nous était nullement à charge; nous ne pouvions nous décider à accepter cette conséquence d'une excursion d'ailleurs des plus intéressantes. Heureusement, cet adage n'est, selon nous, qu'une figure hyperbolique mise en circulation par les Napolitains, jaloux d'enchaîner pour toujours l'étranger aux charmes de leur pays.

Nous prions donc le ciel de nous accorder un peu de répit avant d'accomplir le fatal voyage de l'éternité, et de nous permettre de faire encore sur cette terre quelques pérégrinations artistiques.

Puis, le moment suprême arrivé, après avoir réglé nos comptes ici-bas, nous prendrons un congé définitif de nos bienveillants lecteurs, à moins toutefois qu'il ne nous soit laissé la faculté de publier nos impressions de l'autre monde, ce qui aurait un genre d'intérêt tout spécial et nous assurerait une supériorité incontestable sur les touristes et les conteurs les plus fameux, présents et passés. Ainsi soit-il !

FIN.

TABLE DES CHAPITRES.

XII.

XIII.

XIV.

Une erreur s'est glissée dans la numérotation des chapitres, au lieu des chapitres XVI et suivants, il faut lire : XV et suivants.

XVI.

XVII.

XVIII.

PROVINS. — IMP. DE LEBEAU.